発達が気になる子の 脳と体をそだてる 感覚あそび

鴨下賢一
株式会社児童発達支援協会
リハビリ発達支援ルームかもん　代表取締役
【編著】

池田千紗
北海道教育大学札幌校
特別支援教育士スーパーバイザー

小玉武志
北海道済生会みどりの里

髙橋知義
株式会社LikeLab／Switch
【著】

あそぶことには意味がある！
作業療法士がすすめる **68** のあそびの工夫

合同出版

はじめに

　子どもたちのあそびや学びが発達するためには、様々な力や感覚が必要になります。たとえばトンネルをぶつからないで上手にくぐるためには、体をかがめる筋力や姿勢を保つバランスなどの基礎的な姿勢保持の力が必要になります。

　自分の体の大きさとトンネルの大きさを把握し、トンネルにどのようにして自分の身体を動かしたらうまく入れて出ることができるかといった、ボディイメージの発達と環境を把握しその関連性を見極める力や運動を作り出す力などが必要となります。

　また、ボディイメージが発達するには、動いたときに感じる皮膚や筋肉、関節からの感覚を、無意識的にうまく処理する必要があります。しかし、それぞれの感覚の受け取り方がうまくできていない場合には、いくら体を動かしてあそんでも、適切なボディイメージが発達することができないために、うまくあそぶことがむずかしくなります。

　うまくあそべないことは、日常生活や学習全般の動作の獲得をしにくい状態になります。また、運動、握ること、つまむこと、スプーンや箸の操作、見ること、聞くこと、話すこと、理解すること、対人関係などの発達には、それぞれに段階があり、相互に関連性があるのです。

　このように一つの活動にしても子どもの困難さには、多種多様な要因が隠れているのです。ただ一生懸命繰り返すだけでは、次第に嫌になり苦手意識が高まるだけで、もっとも大切にしたい自尊感情の発達に悪影響を与えてしまうことになります。

　本書の前半では、子どものあそびの困難さの要因を運動や感覚などの発達的な視点から解説し、日常生活で取り組める対応方法を示しています。子どもと大人が楽しみながら取り組むことで、苦手な活動でも自ら取り組めるといったチャレンジできる力につながっていくと思います。後半では、運動の発達や各感覚機能がわかりやすく解説してあります。また、順番を守ることがむずかしいといった行動の、本質的な要因の解説にも言及しています。

　本書が活用されることで、すべての子どもたちの生活が豊かになることを願っています。

鴨下賢一

も く じ

はじめに ……………………………………………………………… 3
感覚と機能一覧 ………………………………………………… 8
感覚と機能の相互関係 ………………………………………… 9
❶❷感覚・運動あそびのページの見方 ………………………… 10

❶ 体を大きく使った感覚・運動あそび

姿勢
1 すぐに姿勢が崩れる ……………………………………… 12
2 そわそわ動いて、じっとしていられない ……………… 14
3 転びやすい ………………………………………………… 16
4 転んだときに手が出ない ………………………………… 18

走る
5 足がもつれる ……………………………………………… 20
6 手の振りが小さい・上手に振れない …………………… 22
7 コースをまっすぐ走ることができない ………………… 24

砂場・泥あそび
8 触るのが苦手 ……………………………………………… 26
9 形を上手に作れない ……………………………………… 28
10 道具がうまく使えない …………………………………… 30

シャボン玉
11 ストローをうまくくわえられない ……………………… 32
12 息を吹く量を調整できない ……………………………… 34
13 ストローをそっと持てない ……………………………… 36

ブランコ
14 ずっと乗っている ………………………………………… 38
15 揺れることを怖がる ……………………………………… 40
16 自分でこげない …………………………………………… 42
17 手を離してしまう ………………………………………… 44

ダンス
18 まねができない …………………………………………… 46
19 リズムに合わせられない ………………………………… 48

鉄棒
20 握れない、ぶら下がれない、支えられない ………… 50
21 前回りができない ………………………………………… 52
22 逆上がりができない ……………………………………… 54

すべり台	23 階段をのぼれない	56
	24 ブレーキをかけられない	58
	25 順番を待てず前の子を押す、ぶつかる	60
	26 怖がる	62
ジャングルジム	27 うまくあそべない	64
平均台	28 渡れない	66
マット	29 前転ができない	68
跳び箱	30 跳び箱に向かって走れない	70
	31 ジャンプするタイミングがわからない	72
	32 うまく跳べない	74
	33 着地で転ぶ	76
縄跳び	34 縄をうまく回せない	78
	35 うまくジャンプができない	80
大縄跳び	36 うまく入れない 跳べない	82
キャッチボール	37 ボールをキャッチすることがむずかしい	84
	38 ボールをうまく投げられない	86
プール	39 顔に水がかかることを嫌う	88
	40 水の中の不安定な感じが苦手	90
	41 水に浮くことができない	92
自転車	42 バランスをとれない	94
	43 ペダルをこげない	96
	44 ハンドル操作ができずまっすぐ進めない	98
	45 ブレーキをかけられない	100

コラム	自尊感情の育て方	102
コラム	ボディイメージ	103

もくじ

2 指先を使った感覚・運動あそび

ねんど
- 46 触るのを嫌がる …………………………… 106
- 47 形を作るのが苦手 …………………………… 108
- 48 道具がうまく使えない（のばし棒、型抜き）…… 110

パズル
- 49 はめるところがわからない …………………… 112
- 50 入れる場所はわかるが向きを合わせられない … 114

ブロック・つみき
- 51 お手本通りに作れない …………………… 116
- 52 見本がないと作れない …………………… 118
- 53 手でつかむ、くっつける、のせるなどができない …… 120

折り紙
- 54 手順どおりに折れない …………………… 122
- 55 角と角を合わせられない ………………… 124
- 56 折り目をしっかりつけられない ……………… 126

はさみ
- 57 上手に動かせない ………………………… 128
- 58 線に沿って切れない ……………………… 130

のり
- 59 ふたの開け閉めができない ………………… 132
- 60 たくさん出しすぎてしまう ………………… 134
- 61 上手にぬれない …………………………… 136
- 62 手につくのを嫌がる ……………………… 138

テープ
- 63 長く引っ張り出してしまう ………………… 140
- 64 テープを切れない ………………………… 142
- 65 うまく貼れない …………………………… 144

鍵盤ハーモニカ
- 66 上手に鍵盤を押さえられない ……………… 146
- 67 しっかり吹けない ………………………… 148

握る・つまむの発達 …………………………………… 150

コラム 関わり方 …………………………………… 153
コラム 対人関係 …………………………………… 154

3 あそびを支える感覚と機能

- **1 視覚** ……………………………………………………………………… 160
- **2 聴覚** ……………………………………………………………………… 161
- **3 前庭覚** …………………………………………………………………… 162
- **4 味覚** ……………………………………………………………………… 164
- **5 嗅覚** ……………………………………………………………………… 165
- **6 皮膚感覚**（触覚・圧覚・痛覚・温度覚・痒覚）………………………… 166
- **7 深部感覚**（関節覚（位置覚・運動覚）・振動覚・深部痛覚）………… 168
- **8 感覚処理パターン**（低登録・感覚探求・感覚過敏・感覚回避）……… 169
- **9 高次脳機能** ……………………………………………………………… 170
  - ①運動企画　②視知覚　③言語機能
- **10 実行機能** ………………………………………………………………… 175
  - ①課題を効率的に行う力　②気持ちや行動をコントロールする力
- **11 運動など**（筋力・持久力・バランス・粗大運動・運動機能・協調運動・巧緻動作・両手動作）…… 179

　コラム 環境設定 ……………………………………………………… 181

おわりに …………………………………………………………………… 182
この本で紹介した便利なグッズ ……………………………………………… 183

感覚と機能一覧

　下の表は、子どもの成長にとって欠かすことができない、生活場面での自律行動や社会的行動の基礎となる機能の一覧です。

　感覚の列では、外界を捉えるために必要な感覚と機能をのせています。特殊感覚はそれぞれの感覚を感じ取る場所が限定されているものをさします。対照的に、体性感覚は全身のどの場所でも感覚を受け取ることができます。感覚処理パターンは個々の感覚の捉え方によって現れる行動の特徴を示しています。高次脳機能では認知的な発達に関連する機能を分類しました。実行機能では課題遂行をより効率的に行うための機能や社会性に関連する機能が示されており、運動などにおいては基礎的な力から応用的なものも含めて記載しています。

　項目ごとに分類されていますが、これらの関係は各々が独立したものではなく、相互に関連し合っています。どれか1つに課題がある場合、他の項目にも特徴があるかもしれません。

　それぞれの項目は 160 ページから解説を加えております。

	特殊感覚	体性感覚		
感　覚	視覚 聴覚 前庭覚 味覚 嗅覚	皮膚感覚	深部感覚	内臓感覚
		触覚・圧覚 痛覚 温度覚（温覚・冷覚） 痒覚	関節覚（位置覚・運動覚） 振動覚 深部痛覚 （筋肉・腱・関節・骨膜）	臓器感覚 （空腹・渇き・吐き気など） 内臓痛み（関連痛）
感覚処理 パターン	低登録 感覚探求 感覚過敏 感覚回避			
高次脳 機能	運動企画 視知覚 言語機能			
実行機能	課題を効率的に行う力 計画立案 優先順位 時間管理 組織化 作動記憶 自己監視	気持ちや行動をコントロールする力 反応抑制 柔軟性 課題開始 注意持続 感情抑制 作業耐性		
運動など	筋力 持久力 バランス 粗大運動 運動機能／協調運動 巧緻動作 両手動作			

感覚と機能の相互関係

　各項目は四角で、機能の分類は丸い四角で囲っています。点線で示しているのは感覚と機能が関連しているあそびで、3つ（体を大きく使ったあそび、指先を使ったあそび、ルールのあるあそび）にまとめています。矢印はそれぞれの感覚と機能の関連を示しています。

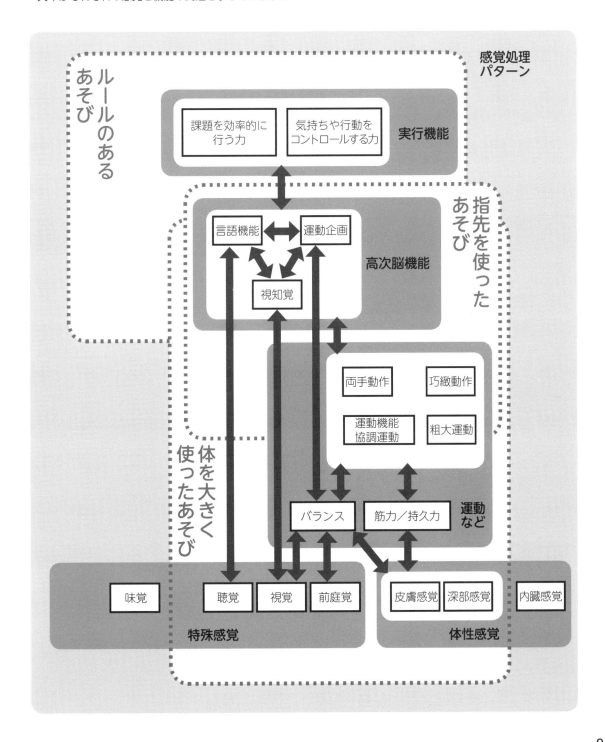

1 2 感覚・運動あそびのページの見方

感覚アイコン

つまずきの原因とおもわれる感覚や体・脳の機能を 11 個に分けて表示しています。それぞれの感覚や体・脳の機能についての詳しい説明は 3 章の「あそびを支える感覚と機能」をご参考ください。作業療法の観点からそれぞれのはたらきと発達を説明しています。

アイディア

つまずきの原因と思われる感覚や体・脳の機能を養ったり、苦手をやわらげるあそびのアイディアを 2 つ紹介しました。子どもの状態や反応に合わせて難易度を調整したり、道具を変えるなど工夫してみましょう。

1 すぐに姿勢が崩れる

姿勢が崩れる子どもは、体を支える筋力が十分に発達していないことが予想されます。支えることができても、姿勢を保つことがむずかしい子どももいます。「筋力」や「持久力」などは姿勢を保つにも重要な力で、姿勢を保つことは運動の基礎です。

立っている姿勢は、足を開く幅がせまく安定しないことも考えられますが、座位でもすぐに左右に手をついたりして姿勢が崩れることがあります。この背景には、おしりから得られる感覚、つまり姿勢を安定させるための支持面に気づきにくいことが考えられます。

このような子どもの場合、階段をのぼる、着替える、靴を履くなど、生活面での困難にもつながります。

ほかの場面のようす
- □ 床に寝転がらずにあそんでいられますか？
- □ 人やものにぶつかっても転ばずにいられますか？
- □ けがをせずにあそべますか？
- □ 重いものを持ったり、押したりできますか？

姿勢を保つことができない子どもは、突然人や飛んできたものにぶつかってもそれに耐えることができません。ちょっとした衝撃でもよろけてしまったり、転んでしまいます。また、姿勢を保てないと十分な力を発揮できないため、重いものを運べません。階段からゴロゴロしたり姿勢が崩れていることがよく見られます。その場合、小さい頃に四つ這いをあまりしていないようすもみられることがあります。四つ這いをすると体の軸が安定し、姿勢の安定にもつながります。

あそびの工夫 ➡ 感覚を育むアイディア

体をたくさん使ったあそびをしましょう。公園の遊具を利用することもよいですが、体が安定しないと揺れる遊具などは怖がってしまうことがあります（40 ページ）。

まずは走ったり、跳んだりすることから始めましょう。子ども自身が運動を好まない場合には、大人が抱っこして揺れたり、一緒にブランコに乗ったり、一人ではなく大人と一緒に楽しむ経験を増やしましょう。

家の中で寝転がってゴロゴロ転がりながらあそぶことや、大人の背中に乗るお馬さんごっこも、体をまっすぐ保つ力につながります。

1 シーソーあそび

姿勢がしっかりと保てない場合、揺れている不安定な場所を好まないことがあります。
まずは大人と室内でシーソーのような「ぎったんばったん」あそびを楽しみましょう。

2 動物ごっこ

動物になりきってあそんでみましょう。自然と四つ這いの姿勢になります。そのままお中や布団の中にもぐって食べものを見つけに行くなど、動物の生活をストーリーにしてあそぶといろんな場面で様々な姿勢をとることができ、筋力も発達していきます。段階的にゆっくりした動作を取り入れるとよいでしょう。

ポイント 体がくにゃくにゃしてしまう子どもに対して、「ちゃんとしなさい」「ピッとして」などと言葉がけをしてもできません。子どもが楽しめるように安全を確保した中であそびを経験させます。

ほかの場面のようす

あそびだけに限らず、日常生活で見られる子どもの行動をチェックリストにして説明を加えました。
チェックの内容がうまくできないときは、行動のつまずきの背景や、あそびと子どもの行動の関連についての説明をご覧ください。

注　意　！

子どもの安全を確保するための注意事項や、さらにあそびを楽しむためのワンポイントアドバイスを載せました。

1 体を大きく使った感覚・運動あそび

粗大運動（体を大きく使ったあそび）とは手や足をしっかり使い、体を大きく動かし自分の体を支える（体幹）を育てていくあそびのことをいいます。
ここでは姿勢、走るといった基本動作から、複数の動きと協調が必要なダンスまで17のあそびをとりあげました。
つまずきの場面に合わせて、子どものようすをみるポイントを解説し、感覚と機能を育むあそびをそれぞれ紹介します。

1 すぐに姿勢が崩れる

関わる感覚・機能

姿勢が崩れる子どもは、体を支える筋力が十分に発達していないことが予想されます。支えることができても、姿勢を保つことがむずかしい子どももいます。「筋力」や「持久力」などは姿勢を保つにも重要な力で、姿勢を保つことは運動の基礎です。

立っている姿勢は、足を開く幅がせまく安定しないことも考えられますが、座位でもすぐに左右に手をついたりして姿勢が崩れることがあります。この背景には、おしりから得られる感覚、つまり姿勢を安定させるための支持面に気づきにくいことが考えられます。

このような子どもの場合、階段をのぼる、着替える、靴を履くなど、生活面での困難にもつながります。

ほかの場面でのようす

- [ ] 床に寝転がらずにあそんでいられますか？
- [ ] 人やものにぶつかっても転ばずにいられますか？
- [ ] けがをせずにあそべますか？
- [ ] 重いものを持ったり、押したりできますか？

姿勢を保つことができない子どもは、突然人や飛んできたものにぶつかってもそれに耐えることができません。ちょっとした衝撃でもよろけてしまったり、転んでしまいます。また、姿勢を保てないと十分な力を発揮できないため、重いものを運べません。普段からゴロゴロしたり姿勢が崩れていることが多く見られます。その場合、小さい頃に四つ這いをあまりしていないようすもみられることがあります。四つ這いをすると体の軸が安定し、姿勢の安定にもつながります。

あそびの工夫と感覚を育むアイディア

体をたくさん使ったあそびをしましょう。公園の遊具を利用することもよいですが、体が安定しないと揺れる遊具などは怖がってしまうことがあります（40ページ）。

まずは走ったり、跳んだりすることから始めましょう。子ども自身が運動を好まない場合には、大人が抱っこして揺れたり、一緒にブランコに乗ったり、一人ではなく大人と一緒に楽しむ経験を増やしましょう。

家の中で寝転がってゴロゴロ転がりながらあそぶことや、大人の背中に乗るお馬さんごっこも、体をまっすぐ保つ力につながります。

❶ シーソーあそび

姿勢がしっかりと保てない場合、揺れている不安定な場所を好まないことがあります。

まずは大人と室内でシーソーのような「ぎったんばったん」あそびを楽しみましょう。

❷ 動物ごっこ

動物になりきってあそんでみましょう。自然と四つ這い姿勢になります。そのまま机の下や布団の中にもぐって食べものを見つけに行くなど、動物の生活をストーリーにしてあそぶといろんな場面で様々な姿勢をとることができ、筋力も発達していきます。段階的にゆっくりした動作を取り入れるとよいでしょう。

 体がくにゃくにゃしてしまう子どもに対して、「ちゃんとしなさい」「ピッとして」などと言葉がけをしてもできません。子どもが楽しめるように安全を確保した中であそびを経験させます。

2 そわそわ動いて、じっとしていられない

| 関わる感覚・機能 | 視覚 | 聴覚 | **前庭覚** | 嗅覚 | 皮膚感覚 | **深部感覚** | 運動企画 | 運動など | 視知覚 | 言語機能 | 実行機能 |

　常に動いている子どもの中には感覚を受け入れる力が弱いために、体を動かして揺れを楽しんでいる子どももいます。関節を動かす刺激を求めていることもあります。この場合、好きなことをしているときはじっとしていられます。

　座位や立位のいずれかで動いている場合は、おしりや足の裏から重心を感じ取り、うまく姿勢を保つことができず、絶えず感覚を入力しようとして動いているかもしれません。

　姿勢を保つためには、十分な筋力と持久力、そして感覚を受け入れる力が備わっている必要があります。

ほかの場面でのようす

- ☐ 高いところや不安定な場所以外でのあそびも楽しめますか？
- ☐ 好きなことをしているときはじっとしていられますか？
- ☐ 買いものやお出かけのときに迷子になることはありませんか？
- ☐ 手押し車*をすることができますか？

* 51ページ参照

　体が安定していないと、常に動いてしまう傾向があります。体の軸がわからず、ゆらゆらと左右に動いてしまうこともあります。動くことでバランスを保っているケースもあります。

　体の傾きに気づきにくい子どもは、いつまでも揺れていたり、自分で揺れることは好きでも揺らされることが苦手だったりと、あそびにも特徴があります。その他、注意力が続かずに、一つの場所や一定の姿勢でじっとしていることが苦手なようすがみられます。

1 体を大きく使った感覚・運動あそび

あそびの工夫と感覚を育むアイディア

トランポリンやブランコなどであそぶことで体が安定する、自然とじっとしていられるようになるでしょう。

一方で、揺れあそびを好んでいる場合や、注意力が続かずに動いてしまう場合は、子どもが満足するまであそばせてみましょう。たくさんあそんだあとには落ち着きやすくなることがあります。

動くことが好きな子どもは、折り紙やお絵かきなどを続けられない場合があります。ペンやはさみをとってきたり、描いた絵を大人に見せに行くなど、時折動く要素を取り入れましょう。それによって活動していられる時間が長くなります。

❶ だるまさんが転んだ

じっとしていることが苦手な子はあそびの中に動きを止める動作を取り入れてみましょう。動くと止まるの2つの動作のメリハリをつけたあそびに集中していくことで体のコントロールを身につけさせます。

❷ ゆらゆらブランコ

本人の好きなあそび方でいつまでも続けるのではなく、大きな揺れから小さい揺れ、リズムや方向を変えるなど、さまざまな変化を経験させましょう。強い刺激ばかりではなく、小さな刺激にも注意を向け楽しむことができるようになると、あそび方も少しずつ変化していきます。

 揺れや体を動かすことが好きな子は、ブランコやすべり台などの前庭覚や深部感覚が得られる遊具や、大人との体を使ったやり取りあそびをたくさんとり入れます。感覚の欲求が満たされて落ち着きが出ます。

3 転びやすい

関わる感覚・機能 |

転ぶときはものにつまずいたり、足がもつれたりしてしまうことが考えられます。つまずいて転んでしまう場合、バランスをとることに課題があると考えられます。バランスをとるためには足首や股関節がぐらつかないように安定している必要があります。

足がもつれて転ぶ子どもは、体の軸が安定していないことが考えられます。ものにつまずきやすい要因には、落ちているものに気がつかないことやものをよけようと思っても足が上手に動かせないこと、落ちているものの場所をしっかり捉えられていないことなどがあります。こうした背景があると転んでしまうことがあります。

ほかの場面でのようす

- [ ] 立ったりしゃがんだりできますか？
- [ ] ケンケンができますか？
- [ ] すべり台やブランコであそぶことができますか？
- [ ] お片づけができますか？

転ばずに歩くためには、まずはしっかりと立っていられることが不可欠です。姿勢が安定することで、転びにくくなります。また、しゃがんだり、立ったりするときに、足の力やバランスを保つ力が必要になってきます。

落ちているものに気がつきにくい子は、お片づけが不得意だったりします。ものをみることが苦手な子は、目的のものを見つけることにも時間がかかります。

あそびの工夫と感覚を育むアイディア

バランスをとることが苦手な場合、人に揺らされたり思わぬスピードが出たりする遊具を、とても怖がります。ブランコなどは揺れる速度や大きさを自分でコントロールしながらあそばせます。

すべり台は体が倒れずにすべることができる傾斜から始めましょう。トランポリンなどジャンプをするあそびも大切です。自分でジャンプすることがむずかしいときは大人の手につかまって行いましょう。ジャンプしたときに大人が手でしっかりと支えます。

また、しっかりとものをみることも大切です。たくさんのものや絵が描かれたものの中から、大好きなおもちゃや、好きなキャラクターなど、一つのものを見つけられるようになりましょう。

❶ 手押し相撲

体をしっかりと安定させ、バランスをとる練習になります。

まずは大きな枠からはみ出ないように、次に小さい枠、台などを利用して徐々にむずかしくしていきましょう。

❷ クッション渡り

クッションのような柔らかいものの上を歩いてみましょう。お布団でもよいです。

転んでも痛くないので、少し早足で歩いたり、跳び跳ねたりしてもよいです。

ポイント つまずいたり転んだりしやすい子どもは、揺れあそびをするとけがをしやすいため、安全にあそべるよう家の中の転びそうな場所はものを片づけるなど配慮しましょう。

4 転んだときに手が出ない

関わる感覚・機能:

転んだときに手が出ないと顔や頭をぶつけてしまい、大きなけがにつながるのでとても危険です。手が出ない要因として、手で体をしっかり支えられないことや、体が傾いていることに気づきにくい、とっさに手が出ないことが考えられます。

また、とっさの動作が不得意だったりするかもしれません。

転んだときに手で体を支えられるかどうかは、小さい頃に十分に四つ這いしていたかどうかも関係しています。転んでもけがにつながらないようにするために、体の使い方や素早く手足を動かす力を発達させる必要があります。

ほかの場面でのようす

- [ ] 四つ這いでしっかり移動することができますか？
- [ ] 重いものを持ったり押したりできますか？
- [ ] ボールが飛んできたら手で体を守ったり、ボールをよけたりできますか？
- [ ] 突然人とぶつかっても転ばずにいられますか？

　四つ這いで部屋を4、5周させ、だんだんとひじが曲がってきたり、頭が下がってきていないかを確認しましょう。

　日常では、ボールが飛んできたときによけられないことはありませんか？　よけられなくても手で叩いたりして身を守ることはできていますか？　人がぶつかったときにはきちんと元の姿勢に戻れているかも大切なポイントです。体がしっかり保てているかを確認しつつ、体が傾いたことにいち早く気づき、姿勢を戻そうとすることが大切です。

あそびの工夫と感覚を育むアイディア

体を手で支えるあそびを重点的に行いましょう。四つ這いで鬼ごっこや「だるまさんが転んだ」をするなど、普段のあそびを四つ這いに変えます。

とっさの動作が苦手な場合は、ゆっくり動く目標物に対してタイミングを合わせて動作をすることから始めます。

また、体の傾きを知るためにも、体をいろんな向きに変える動作を取り入れます。大人が仰向けに寝そべり、足を曲げ、子どものお腹を足で支えます。そのとき子どもは飛行機の姿勢をとりましょう。

いろんな角度に傾けると子どもの視線も変化し、体をまっすぐ保つことで、体の向きの変化にも気づきやすくなります。そのとき子どもの足や体がぴんと伸びていることが大切です。

❶ 座布団の上でゴロゴロ

じゅうたんや座布団の上でゴロゴロレースをしてみましょう。

体が回る感覚や、幅に合わせて回る経験を通じて、体の向きや位置などを意識させます。

❷ 山からジャンプ

マットで小さい山と、大きな山を作りましょう。大きい山から小さい山に向かってジャンプすると、自然と小さい山にもたれて手をついて姿勢を保つ動作をとることができます。

> **ポイント** 転んだときに手が出ないと、普段の生活でも危険を伴います。「手をついて」などの声かけも大切ですが、注意をしても手がうまく出せない場合もあります。わざと押して転ばせる練習は非常に危険です。

5 足がもつれる

関わる感覚・機能：視覚 聴覚 **前庭覚** 嗅覚 皮膚感覚 **深部感覚** 運動企画 **運動など** 視知覚 言語機能 実行機能

歩いたり走ったりすると足がもつれてしまう子どもは、足をしっかりと進行方向に振り出すことが苦手なことが予想されます。走るときにしっかりと太ももを引き上げることができていないと、後方で足が引っかかってしまうこともあります。

また体が左右にぐらついてしまうと、結果として足がもつれてしまいます。

左右の足がどのように動いているかという感覚も大切です。両足の協調的な動作や、体の軸を安定させることが課題です。

ほかの場面でのようす

- [ ] ジャンプをしたときに、足が同じ高さになりますか？
- [ ] 段差から飛び降りたときに、転んだりよろけずにいられますか？
- [ ] 階段をスムーズにのぼることができますか？
- [ ] 立って靴を履くことができますか？

両足をそろえてジャンプができないと、左右の足の位置を捉える力が弱いことや、体の軸が安定していないこと、バランスが片方の足に偏っていることが考えられます。また両足で着地したときにどちらかに転んでしまったりよろけてしまうときも、片方の足の支える力が弱いかもしれません。しっかりと片足で体を支えることができるようになるとスムーズに階段をのぼれるようになります。

立って靴を履くには片足でバランスをとりながら、反対側の足を靴に合わせて動かす必要があるため、立ったままではむずかしくなります。

あそびの工夫と感覚を育むアイディア

まずはしっかりと足を上げたり、左右の足でバランスをしっかりとれるようになりましょう。大きく足踏みをするようなあそびがベストです。リズムがとれる場合はバンブーダンスなどもよいでしょう。

また、生活の中では動作に伴って体がぐらぐらしないことが大切です。階段をのぼったり降りたりするとき、ズボンを立ったまま脱いだり着たりするとき、それぞれの場面で、左右に体がぐらつかないことを目標にします。

次に足を前へしっかり踏み出せるようにしましょう。歩幅より少し大きい幅の線を大股でまたぐのもよいでしょう。

❶ 小山を越えよう

足を高く上げて小さな山（段差）を越えさせます。ひざの高さくらいまでの山を作って越えることを目標にします。

山でなく、ひもやゴムでもできますが、つまずいて転ぶことがあるので注意しましょう。

❷ キックで的当て

ボールを狙ったところへけることを通して、足を動かす方向を意識させます。

ボールや的の大きさを変えて段階づけて行いましょう。

スムーズに足を動かせるようになったら右足で左の的を当てるなど、足とは反対の方向にある的を狙ってみましょう。

 ポイント 足がもつれるときには転んでけがをしてしまうかもしれません。あそびを通して足だけではなく、全身の動きを意識してしっかりと行いましょう。

6 手の振りが小さい・上手に振れない

| 関わる感覚・機能 | 視覚 | 聴覚 | 前庭覚 | 嗅覚 | **皮膚感覚** | 深部感覚 | 運動企画 | **運動など** | 視知覚 | 言語機能 | 実行機能 |

歩いたり、走ったりするときに上手に手が振れない、振りが小さい子どもがいます。手を振って歩くには手の振りに対して体をまっすぐに保ちながら、なおかつ手足を交互に連続して動かす必要があります。体が不安定だと、手を振ることで体が揺れてしまうため手の振りが小さくなります。また、手と足では、左右の動きが異なるため、上手にできないこともあります。さらに、手全体のボディイメージが崩れていると、大きく振っているつもりでも手が振れていないことがあります。

協調運動では、足を踏み出すときに手を動かすことが必要で、さらには手足を連続で動かさなければいけません。

ほかの場面でのようす

- ☐ 片足で立っていることができますか？
- ☐ ボールを片手で上から投げることができますか？
- ☐ 大きなボールを両手で投げることができますか？
- ☐ 歩くときに足元ではなく前をみてしっかり歩けますか？

腕を振るためには、まずは体が安定している必要があります。体が安定していると、ボールを投げようとする手の動きも不安定にならずにしっかり振りかぶって投げることができます。ボール投げや片足立ちを通して腕を振る前にまずは体の軸をしっかりさせます。

両手でボールを投げるときにも同じように腕の振りに負けない体の安定が必要です。立った状態で大きく手を振れることは、歩いているときに手を使うことにつながっていきます。転ぶことを怖がって体に力が入っていることもあります。しっかりと足元を見ずに歩けるとよいでしょう。

あそびの工夫と感覚を育むアイディア

　手を振るイメージをもつために、大きく手を振るあそびを行います。ダンスや体操などがよいでしょう。また、手を振るだけではなく、体全体の軸をしっかりと安定させます。

　体を安定させるには、舗装された道路だけではなく、足場の状態が不安定な草むらや砂利道、土の上などを歩くことも効果的です。

　公園のすべり台やアスレチックなどでもたくさんあそばせましょう。肋木（ろくぼく）や、ななめのはしごなどをのぼったり、小さな坂をかけ上がるなどの動きも取り入れましょう。

❶ 四つ這いレース

　四つ這いをして体の安定性と軸を意識して手足を動かしてみましょう。

　競走をしたり、机の下をもぐるなどの障害物レースなどにすると楽しさがアップします。

❷ ぐるぐるリボン

　最初は 50 センチくらいの短いリボンから始め、徐々に長くしていくことで、段階的に大きく回すようにします。前後の振りから 8 の字を書いて回したり、左右に大きく回すことで、腕を大きく振ってみましょう。

ポイント 手を振ることが大切なのではなく、手を振る動作ができるようになるために、ボディイメージや体の軸が安定していることが大切です。手を振るだけではなく、全身を使ったあそびを取り入れましょう。

7 コースをまっすぐ走ることができない

| 関わる感覚・機能 | 視覚 | 聴覚 | **前庭覚** | 嗅覚 | 皮膚感覚 | 深部感覚 | **運動企画** | **運動など** | **視知覚** | 言語機能 | 実行機能 |

コースをふらふらと走ってしまう場合、しっかりと前をみて走ることが大切です。足元を見てコースの線に合わせて走ろうとすると、左右へふらついてしまいます。

また、コースの周りが気になってしまうためにコースから外れることもあります。

ボディイメージがもてないときは、コースの外に出ていても気がつかないこともあるかもしれません。

そのほかにも、体がしっかりしなくてふらついてしまう場合は、体の軸が安定していないことも考えられます。足がもつれる（20〜21ページ）や、手の振りが小さい（22〜23ページ）などの項目も参考にしましょう。

ほかの場面でのようす

- ☐ 狭いところをものにぶつからずに歩くことができますか？
- ☐ 転んだときに手をつくことができますか？
- ☐ 足元を確認せずに歩くことができますか？
- ☐ ものがたくさんあるとつまずいてしまうことはありませんか？

ものにぶつかりやすい子どもは、足元ばかり気にしていたり、ものに注目することが苦手だったりします。

そのため、幅が狭いコースでは線を見て走ろうとしてしまい、おのずと線に寄っていってしまいます。また、転んだときに手が出ない子どもも、転ばないように足元を見すぎてしまうことがあります。

あそびの工夫と感覚を育むアイディア

　まずはしっかりと前をみて歩けるようにしましょう。大人に向かって走っているときなどは、おのずと視線が前に向きやすいように、走っていく先に目標を示します。

　コースのように左右の線で区切るよりも、コース全体を色で分けると、視線がコース上に向きやすくなります。

　また、体の大きさや位置などを認識しやすいように、アスレチックあそびや障害物あそびなど、体をかがめたり、ものを跳び越える運動も効果的です。

　たくさんものがある中で鬼ごっこをすると、鬼の方を見ながらぶつからないように逃げるので、体の位置とものの位置関係を意識することにつながります。

❶ 一本橋

　まずは太い線（10センチくらい）の上を歩かせてみましょう。線の上を歩くことに慣れたら、少しずつ幅を細くして線を見なくてもまっすぐ歩いて行けるようにしましょう。

❷ はしご渡り

　地面にはしごを描いて、線を踏まずにまたいでみましょう。最初は足元を見ていても、徐々に足の歩幅や体の使い方に慣れることでスムーズに渡れるようになり、視線が徐々に前に向くようになります。

ポイント　視線をどこへ向けるかを明確にするために、目標物を置きます。線からはみ出ないことを目指すのではなく、まずは視線や体の使い方をしっかりと身につけさせましょう。

8 触るのが苦手

関わる感覚・機能: **皮膚感覚**視知覚 **言語機能** 実行機能

　砂や泥は触るだけでもあそびになります。砂から得られる手が包まれる感覚や砂の温度、重さなどを感じることができます。

　砂を嫌がる場合は、感覚を嫌がっていることが予想されます。砂や泥がつめの間に入ることを嫌がることも理由の一つになります。これはねんどあそびとも共通しています。また、砂から泥になるとサラサラの感触がベタベタになり手にまとわりつくようになります。その違いによっても苦手な理由が異なります。

　また、砂がどんなものかわからないことで苦手と感じているかもしれません。その場合、言葉で砂や泥について理解することで苦手意識がやわらいでいきます。

ほかの場面でのようす

- ☐ 芝生や土の上を歩くことができますか？
- ☐ 特定の服の素材（毛糸やズボンのゴムなど）を嫌がることはありませんか？
- ☐ なんでも口に入れようとすることはありませんか？
- ☐ ちょっとした汚れも気にせずにいられますか？

　砂を触るのが嫌な子どもは触覚に苦手さがあるかもしれません。そのため、触るものに不得意なものが多かったり、洋服の生地にも苦手と感じるものがあったりします。

　手で感触を確かめることが苦手で、口に入れて確かめようとする子どももいます。また、シャワーや髪の毛が首元に触れるのも避けようとすることがあります。

あそびの工夫と感覚を育むアイディア

まずは砂以外の触ることができるものであそびましょう。触れて大丈夫なものを増やすためには、好きなものを十分に触って確かめることができることも大切です。ザラザラする砂よりも、ねんどの方が抵抗がないかもしれません。

触らなくてもよい工夫も大切です。スコップを利用したり、砂を袋に入れるなど、間接的に砂あそびをします。砂に水を入れたり、型ぬきをしたり、山にトンネルを掘るなど、子どものペースであそぶことから始めましょう。

あそびが楽しくなると、砂に触っても平気になることもあります。

1 触ってわかるかな？

ビー玉やおはじきなど、小さいものを、袋の中や破いた紙の中などに入れます。まずは触れても平気なものの中から、指先の感覚でものを探せるようにしましょう。

2 お手伝いしてみよう

お洗濯したものを洗濯機から取り出す作業や、ハンバーグをこねたり、白玉を丸めたり、家事の中からさまざまな感覚を得られます。

直接触るのが苦手なときは、袋に入れて行うとよいでしょう。

大人と一緒にお手伝いをしながら楽しむことができます。

 触って確かめて安心なものであると知ることも大切です。そのためには、大人も汚れることを気にせずに一緒にあそんであげるとよいでしょう。

9 形を上手に作れない

| 関わる感覚・機能 | 視覚 | 聴覚 | 前庭覚 | 嗅覚 | **皮膚感覚** | **深部感覚** | 運動企画 | **運動など** | 視知覚 | 言語機能 | **実行機能** |

砂はそのままの状態で山を作ったり、穴を掘ったりすることができ、水でぬらすとトンネルを掘ったり、お団子を作ることもできます。しかし、力を入れすぎると途端に崩れてしまいます。手から落とさないために力を入れつつ、崩れないように指の力を加減しなくてはいけません。

穴やトンネルを掘るときには、指先に力を込めたまま腕全体を動かす動作が必要です。また、手の形を作りたいものに合わせて変える必要があります。

作りたいものをどうすれば作れるかもわかっている必要があります。思っているものが上手に作れずに嫌になってしまうかもしれません。

ほかの場面でのようす

- ☐ 親指と他の指を1本ずつ順番につけることができますか？
- ☐ おにぎりを崩さずに食べることができますか？
- ☐ 消しゴムを指先で上手に使うことができていますか？
- ☐ 両手で水をすくって顔を洗うことはできますか？

まずは1本1本の指先をしっかり動かせることが大切です。指を1本ずつ動かせるようであれば、力加減ができるかを確認しましょう。指先の力加減が苦手な場合、やさしく力を入れることがむずかしく、ものを使うときはいつも力を入れてしまいがちです。そうすると手でつかんだ食べものが崩れてしまったり、消しゴムを使っているときに紙を破いてしまいます。

自分で水をすくって顔を洗えるようになると、両手を合わせてお団子にするまであと一歩です。

あそびの工夫と感覚を育むアイディア

　指先を使ったあそびをたくさんしましょう。指先に力を入れようとすると、肩やひじ、ときには首にも力を入れてしまう子どももいます。

　どこに力を入れればよいかがわかりにくいため、体に近いところに力が入ってしまいます。

　指先でボタンを押す動作や、ビー玉のようなものを穴に押し込むあそびをしましょう。

　厚みのある本の背を持って、本棚にしまうなどのお片づけをするのも指先の力を鍛えます。

　それができるようになったら、指先でそっとものを持つあそびも取り入れていきましょう。

❶ シールはがし

　シール帳や下じきなどに貼ったシールをはがすあそびをします。シールの下に好きなキャラクターを描いて隠すと楽しくできます。

　ビニールテープはシールよりも粘着力が強いので、段階づけに利用できます。シールの大きさも少しずつ大きくしましょう。

❷ そーっと持ち上げてみよう

　まずは、砂を崩さない力加減を知るために、大人が作った砂団子をそーっと持ち上げて、トレーにのせて運んでもらいましょう。お料理を運ぶ人を演じてもらうと楽しくできます。運ぶ人から砂団子を作る人にシフトすることで、力を入れることにもつなげていきましょう。

 ポイント　形全体を捉えられない場合は、ねんどあそび（106ページ）を参考にしましょう。砂自体の扱いがむずかしいときは、手で作ることにこだわらず、道具を使うことで上手にできる経験を積みましょう。

10 道具がうまく使えない

関わる感覚・機能：視覚 聴覚 前庭覚 嗅覚 **皮膚感覚** **深部感覚** **運動企画** **運動など** 視知覚 言語機能 実行機能

砂あそびのときには熊手やスコップで穴を掘ったり、型をとる器に入れたり、ひしゃくやバケツで水を運んだり、いろいろな道具を使います。ざるで砂をふるいにかけることもあります。スコップや熊手が苦手な場合、手の力が砂の抵抗感に負けてしまっているかもしれません。思うように砂をすくったり、かき出したりできず、手でやったほうが楽だと感じて道具を使いたがらない子どももいます。

また、手首を返す動作も上手でなければいけません。バケツやひしゃくで水を運ぶときにたくさんこぼしてしまう場合は、手をしっかりと安定させることが不得意なことが考えられます。

ふるいが上手に振れないときには、両手の動作に課題があるかもしれません。

ほかの場面でのようす

- ☐ 食べこぼしなく食事をすることができますか？
- ☐ 固いカップアイスをスプーンで食べることができますか？
- ☐ ご飯を食べるときに器を持って食べることができますか？
- ☐ ペットボトルの入った袋を片手で持つことができますか？

スプーンで食べる動作は、砂場でスコップを使う動作と似ています。砂の場合は、さらに力が必要になります。ご飯を手で食べているうちは道具を使うことがむずかしいと思います。

まずは食事のときにスプーンやフォークを使って食べましょう。また、重たいものや大きなものを運ぶときに手がぐらつかなくなると、水の入ったバケツや、ひしゃくに汲んだ水をこぼしにくくなるでしょう。

あそびの工夫と感覚を育むアイディア

　道具を使うために手を使ったあそびをたくさん行いましょう。指先だけではなく、腕全体を使ったあそびが大切です。水をかき混ぜたり、大きな紙に絵を描いたりすることもよいでしょう。

　手を使うことに慣れてきたら、徐々に道具を使った活動も取り入れましょう。砂場以外にも道具を使うあそびはたくさんあります。

　また、大きなものよりも小さいもののほうが扱いやすいので、道具の大きさにも配慮しましょう。

1 ビーズすくい

　抵抗感の少ないものを使って、道具を使うことに慣れさせます。小なべのように口の大きなものにお米や豆、ビーズなどを入れて、おたまを使って手に持ったお椀や瓶に移すことから始めます。

　まずはこぼさないことよりもすくう動作ができることが大切です。小なべをどんぶりやお椀に替えるなど少しずつ小さい容器にかえることで段階的に行うことができます。

2 ぐるぐるまぜまぜ

　お風呂に入れたお湯を手でかき混ぜる動作は、手首や腕を柔らかく使う練習になります。

　お風呂の中でできるようになったら桶にするなど、器を小さくすることで、より細かく手を使う練習になります。

ポイント 砂は重たいので、道具を使うにもしっかりと体が安定していなければなりません。しゃがんだ状態でぐらぐらしないよう砂場の縁に座ったり、椅子を利用する配慮も大切です。

11 ストローをうまく くわえられない

関わる感覚・機能 視覚 聴覚 前庭覚 嗅覚 **皮膚感覚** **深部感覚** **運動企画** 運動など 視知覚 言語機能 実行機能

ストローを唇でくわえられない場合には、いくつかの要因が考えられます。

口の機能の発達が未熟であることで、口を小さくすぼめることがむずかしく、歯でかんでしまっていることが考えられます。

口に当たる感覚が嫌な場合は、特定の材質のストローをくわえることを嫌がっているかもしれません。

ストローの硬さに合わせて力加減を調整できない場合もあります。息を強く吹こうとするあまり、歯で力強くくわえてしまっていると考えられます。

ほかの場面でのようす

☐ 棒状のアイスをくわえて食べることができていますか？

☐ 口をしっかり閉じることができ、よだれは出ませんか？

☐ コップからうまく水を飲めますか？

☐ お箸やスプーンをかむことがありませんか？

　棒状のアイスをかまずに形に合わせて唇をすぼめてなめられますか？　アイスはストローよりも太くくわえやすいので、アイスがくわえられないとストローもむずかしいでしょう。
　また、硬い食べものやざらざらしたものなどの感覚が苦手な場合は、偏食もみられます。口がしっかり閉じていない場合は、よだれを飲み込むことができなかったり、あめやキャラメルなど口の中で味わうお菓子は苦手です。コップで飲んでいるときにポタポタこぼすこともあります。
　また、お箸やスプーンなどの感覚を捉えることが苦手で、うっかり力を入れすぎてかんでしまうのかもしれません。

あそびの工夫と感覚を育むアイディア

　まずは唇をすぼめられるようになること、さらに力加減を調整すること、息を強く吹きすぎないことが大切です。

　硬いものをしっかりかめることも大切ですが、柔かいものを口でくわえられるように、口で硬さを捉えられるようになることが必要です。また、ストローを歯でかんでしまわないように注意しましょう。上手にくわえるためには歯でかまずに唇がしっかり動くことが大切です。

❶ いろんなお口、できるかな？

　大きく口を開けたり、横に広げたり、歯をみせたり大人が見本を示します。いろんな口の使い方をまねさせましょう。

　口を閉じたままふくらませたり、口から舌を出し入れするなどもよいでしょう。

❷ ピロピロ吹き戻し

　お祭りなどで売っているおもちゃ、吹き戻しをしっかり吹いてみましょう。息が逃げないように、しっかりくわえることがコツです。

　息が漏れてしまう場合は、少し太めの吹き口を使いましょう。

 ポイント 唇を上手に使えないときは、まずは大きな声を出すなどして大きく口を広げることや、お風呂で泡を吹いて飛ばしたり、音や目で見てわかるあそびを通して口を使えるようにしましょう。

12 息を吹く量を調整できない

関わる感覚・機能：視覚 聴覚 前庭覚 嗅覚 皮膚感覚 **深部感覚** **運動企画** **運動など** 視知覚 言語機能 実行機能

シャボン玉は息を強く吹きすぎるとすぐに割れてしまいますが、弱すぎても飛んでいきません。

さらに、息を吹く強さが一定でないといけないため、吹き加減を調整することが大切です。息の強さを調整し、その強さを一定に保つことが求められます。息を吹く量を調節する必要もあり、息が少なすぎると飛ばすことができません。

息は目に見えないため、上手に吹くことができているかがわかりにくくなりがちです。そのため、強く吹きすぎたり弱くなったりしてしまいます。

ほかの場面のようす

- [ ] 笛を吹くときに音の強さを調節したり、やさしく吹くことができますか？
- [ ] 深呼吸はできますか？
- [ ] 口をすぼめることができますか？
- [ ] 口を閉じて鼻だけで息をすることができますか？

リコーダーは強く吹くと音が裏返るため、上手に吹けているかがわかりやすい楽器です。息を長く吹くことができないとうまくシャボン玉を作れません。息を吹くためには口をすぼめる必要もあります。歯でかんで固定しているだけでは、息は横に逃げていきます。一生懸命息を吹いても、シャボン玉がふくらんでいない場合は鼻から息が漏れていることがあります。鼻をつまんで口だけで息ができるか確認しましょう。

あそびの工夫 と 感覚を育むアイディア

息を吹くと空気が出ます。空気は目に見えないので、空気を使ってものを動かすあそびを通して目に見える形で練習をしましょう。

吹く強さも大切です。出す空気の量を調整するあそびを行うことで、シャボン玉を割らずに吹けるようにしましょう。

長く吹くことができるようになったら、吹く力に合わせてストローの太さを調節します。

吹く力が強すぎる場合は太めのストローを、弱すぎる場合は細いストローに変えます。また、ストローをくわえたまま息を吸ったり吐いたりしてしまう場合は、手に持つタイプのものから始め、息を吹くことでシャボン玉を楽しみましょう。

❶ ピンポン玉レース

息を吹いてピンポン玉を転がしてみましょう。息を長く吹くために細長いコースを作ります。コースの途中に小さな穴をあけて落ちないようにすると強く吹く練習になります。息の量を調整する工夫をしてみましょう。

❷ ヨットレース

いろんな大きさの紙をL型に折り、立てます。それを吹いて動かしてみましょう。上手に進めない場合は吹く場所に印をつけたり色を変えるなどして、息を当てる場所を一定にさせましょう。目標のゴール地点を決めると、息を吹く量の調整が必要になります。

 「やさしく吹いて」と声をかけられてその通りにするためには吹く強さをイメージする必要があります。日頃からやさしく、弱く、などの言葉のイメージを持てるように声かけをします。

13 ストローを そっと持てない

関わる感覚・機能 | 視覚 | 聴覚 | 前庭覚 | 嗅覚 | **皮膚感覚** | **深部感覚** | 運動企画 | **運動など** | 視知覚 | 言語機能 | 実行機能

　ストローを持つことが苦手な子どもは、ストローが細くて上手に握れないことや、指先でつまむことが苦手だと考えられます。

　子どもによってはシャボン玉の液に触りたくないという嫌悪感が要因になることもあります。

　シャボン玉を吹くときにはストローを持っていなくてはいけませんし、シャボン液につけるときも容器の口にストローを合わせることも必要です。指先を上手に使えることがポイントです。

ほかの場面のようす

- [ ] ご飯粒などを親指と人差し指の先でつまむことができますか？
- [ ] お金を貯金箱に入れることができますか？
- [ ] 洗濯ばさみを親指と人差し指で持った状態で開くことができますか？
- [ ] ぬるぬるしたものに触ることは平気ですか？

　指先を使うことが苦手な場合、親指と人差し指の側面でものをつかもうとしがちです。指先をしっかりと使うことが大切です。

　また、位置を調整して小さい穴や細い入口にものを入れる操作も大切なポイントです。

　シャボン液はぬるぬるしているため、その感覚が苦手なことも考えられます。

あそびの工夫 と 感覚を育むアイディア

指先の感覚を捉えることが苦手なことも上手にストローを持てない要因なので、砂場あそびやねんどあそびなどを通して指先をたくさん使いましょう。

また、ストローの長さや太さにも気をつけましょう。短すぎたり、細すぎたりすると上手にできないことがあります。

子どもの手に合わせてサイズを変更しましょう。

１ 絵カード合わせ

神経衰弱のように同じマークを当てて、指先でカードをめくるあそびをしてみましょう。

床面からカードがうすくて指先でとれない場合は、台紙などにはりつけてつまみやすくして行いましょう。カードの大きさや厚さを変えていくと段階的な練習になります。

２ はりねずみを作ろう

スポンジや段ボールなど、硬さが異なるいろんなものにつまようじを刺してみましょう。

指先でつまんだまま力を抜かずに奥まで刺していきましょう。

やさしく行うために、刺す台を柔らかくしたり、薄くしたりするとよいでしょう。

> **ポイント** まずはシャボン玉を楽しむことが大切です。指先を上手に使えない場合は、シャボン液を容器の大きなものに移すなどの配慮をします。

14 ずっと乗っている

関わる感覚・機能：視覚 聴覚 **前庭覚** 嗅覚 皮膚感覚 深部感覚 運動企画 運動など 視知覚 **言語機能** **実行機能**

　ブランコは揺れや加速する感覚を楽しむことができる遊具です。大きくこぐことでその刺激も強くなります。揺れやスピード感が楽しくなり、いつまでも乗っていたくなる子どももいます。前庭覚の刺激を求めて揺れを楽しんでいると考えられます。

　しかし、ずっと乗っていると他の子どもが待っていることに気がついていなかったり、気がついていてもやめられないことがあります。

　大人が他の子とかわるように声をかけても一向にやめる気配がないことがあります。楽しくなると周りに気が向かなくなる傾向があるかもしれません。

ほかの場面のようす

- ☐ 車やすべり台などのあそびを自分でやめられますか？
- ☐ 一定の時間体を動かすことなく、落ち着いていることができますか？
- ☐ 楽しいこともルールを守ってあそべますか？
- ☐ 順番を待つことができますか？

　揺れそのものを楽しんでいる場合、すべり台やシーソーでも同様の刺激を楽しめるあそび方を好む傾向があります。そのほかにも車に乗るのが好きだったり、家のベッドやソファの上で飛び跳ねることが多かったりします。
　ブランコは一人であそぶ時間が長いのも特徴です。順番を意識して、他の子どもへゆずることやルールを守ってあそべることが大切になります。自分の気持ちを我慢する力が必要になるため、小さいうちからすぐにできるようにはなりません。

あそびの工夫と感覚を育むアイディア

揺れを十分に楽しめる環境を作ってあげましょう。代わりにすべり台でもよいかもしれません。走り回る鬼ごっこもよいでしょう。揺れが好きなことは子どもにとっての自己表現の一つです。揺れあそびを楽しみつつ、徐々にルールを教えていきましょう。

乗り続けることで困るのは、子どもよりもどちらかというと大人です。

ある程度の時間がたったら降りられるように乗る前に「10で終わりだよ」や「次のお友だちが来たらおしまいだよ」など具体的な目安を示して子どもと約束します。

❶ 色んな鬼ごっこ

揺れが好きな子は、走り回ることも大好きです。鬼ごっこでも友だちを追いかけるより走ることが楽しくなります。

ひもを一緒に持って走るなど、他の子どもを意識するようにあそんでみましょう。

❷ お風呂でカウント

お風呂に入って一緒にお湯に入る時間を数えてみましょう。数を数えている間はお湯に浸かっていることで、「数えたら終わり」という気持ちをコントロールする力の発達につながります。

 ずっと乗っていたい子には、十分にあそべるよう配慮しましょう。満足できないまま終わると、よりブランコに固執してしまうこともあります。また、一方的に約束することも避け、次にいつできるかを伝ええましょう。

15 揺れることを怖がる

関わる感覚・機能：**視覚** 聴覚 **前庭覚** 嗅覚 皮膚感覚 **深部感覚** 運動企画 運動など 視知覚 言語機能 実行機能

　ブランコが前後に揺れているときは、乗っている椅子の部分がななめになります。つまり、鎖を握り体が傾いても椅子からおしりが落ちないようにしなくてはいけません。手でしっかり体を支えることができない子どもは、揺れることを怖がります。また、揺れそのものを怖がる子どももいます。

　足がつかない子は、自分ではコントロールできない揺れの速度と大きさが怖いのかもしれません。

　揺れることだけでなく、視線が高いところにいくことも怖がる理由の1つです。

ほかの場面でのようす

☐ 鉄棒にぶら下がることができますか？

☐ 「高い高い」を楽しめますか？

☐ 足がつかない椅子に座ることができますか？

☐ 普段から高いところに怖がらずにのぼれますか？

　揺れることが怖い要因の一つに、座っている姿勢が不安定なことが挙げられます。その場合、鉄棒にぶら下がることが不得意だったりします。空中で姿勢を保つことが苦手で、「高い高い」も避けてしまうでしょう。

　また、足がつかない場所を恐れているのかもしれません。ブランコも揺れると足が地面から離れるので、不安につながります。揺れが大きくなると高く上がるため、怖いと感じる子どももいます。

あそびの工夫と感覚を育むアイディア

　体が不安定な場合、まずは自分で揺れの強さをコントロールできる小さいブランコから始めましょう。信頼関係のとれた大人がしっかり支えて一緒に乗ると安心します。

　揺れを楽しめないうちは、ブランコに座り前に置いた箱を足で倒すなど、別のあそびを設定しましょう。楽しくなれば、箱を少し遠くに置いても自分で大きく揺らすことができるようになります。

　また、足がつかないことについてはおしりをつけた状態で姿勢を保てるようになると不安が軽減します。視線が高くなることについては、信頼できる大人におんぶや肩車をしてもらい、あそべるように段階づけていきましょう。

❶ 一緒にゆらゆら

　まず揺れることに慣れましょう。大人の手につかまって体を揺らしてあそばせましょう。初めは座りながら、次は立った状態で、支える場所も少しずつ少なくしていきます。ただ揺れるのではなく、歌などの歌詞にのせて揺れを楽しむようにしましょう。

❷ ぐらぐらクッション

　少し大きめの座布団や、クッションの上に座らせます。まずは足をついて座り、徐々に柔らかいものに変えたり、ボールを使うと段階づけることができます。また、高さを増していき、おしりだけでバランスをとれるようにしましょう。

 ポイント　子どもが嫌がるまで続けるのではなく、「10で終わりだよ」など、終わりを明確にしましょう。信頼関係のとれている大人や大好きな友だちと一緒に行うと、揺れに対する不安も少しやわらぎます。

16 自分でこげない

関わる感覚・機能：視覚 聴覚 **前庭覚** 嗅覚 皮膚感覚 **深部感覚** **運動企画** **運動など** 視知覚 言語機能 実行機能

　ブランコを自分でこぐためには、両足と両手を上手にタイミングよく動かす力が必要です。手と足だけでは十分な勢いがつきませんので、体全体を上手に使う必要があります。とくに腹筋の力をしっかりと働かせるのがポイントです。

　さらに、揺れているブランコにあわせてバランスをとるため、姿勢の安定は欠かせません。こぐことが苦手な子どもは、揺れているブランコの上で体を安定させようとするあまり力が入りすぎてしまったり、タイミングがつかめずに勢いをころしてしまっていたりします。

ほかの場面でのようす

- [ ] 足の屈伸運動ができますか？
- [ ] 両足を同時にそろえてジャンプしたり、着地したりすることができますか？
- [ ] 鉄棒で体が揺れても握っていることができますか？
- [ ] 合図に合わせて運動することができますか？

　立った状態でひざの曲げ伸ばしをすることが、ブランコをこぐ動作につながっています。屈伸運動がしっかりとできることが大切です。また、ブランコは両足と両手でこぐため、両足の運動がそろっている必要があります。バラバラにならずにできるようになると、上手にこぐことができます。
　体を両手で支えながらこぐため、鉄棒にしっかりとつかまっていることができることも大切です。鉄棒にぶら下がることができたら、その状態で足を前後に揺らしてみましょう。

１ 体を大きく使った感覚・運動あそび

あそびの工夫と感覚を育むアイディア

　全身を使った運動と、手で支えるあそびの両方を十分に行いましょう。ひざの曲げ伸ばしは走ったり跳んだりすることでも十分にできますが、ブランコは揺れに合わせて運動をすることが大切です。

　タイミングが合わないとひざの曲げ伸ばしを繰り返しても揺れが大きくならずにだんだん小さくなってしまいます。

　そうならないよう、大人の声かけなどで運動ができることも求められます。

　また、手で体をしっかりと支えらえるように鉄棒にぶら下がったり、シーソーにつかまったりしましょう。

❶ ジャンプで跳び越えよう

　両足をそろえてジャンプして線を跳び越えさせてみましょう。線の距離を遠くにしたり、高さをつけたりすると段階的にあそべます。

❷ ブランコでけってみよう

　両足でける動作は、ペットボトルや風船などを前に置いてけることで身につけることができます。

　勢いをつけて遠くへけろうとすると、得意の足ばかりでけろうとしてしまうので、色違いの２つの目標物を置くのもよいです。

ポイント こぐのが苦手だからといって大人が背中を押してばかりいては、いつまでたってもこぐことができません。初めは揺らしますが、声かけに合わせて両足を動かすことを教えましょう。

17 手を離してしまう

関わる感覚・機能 前庭覚 皮膚感覚 深部感覚 運動など 言語機能 実行機能

　ブランコが揺れているときは手で体を支えています。手を離してしまう理由には危ないことに対する恐怖心が少ないことや、手で体をしっかり支えられなくて嫌がること、そもそも鎖を握る力が弱いために揺れているうちに手が離れることなどが考えられます。

　硬いものを握って体を支えることができても、ブランコの鎖はぐらぐらと動くので同じようにはいきません。握っているものが動くことで力を入れる方向がわかりにくいのかもしれません。

　また、鎖のひんやりとした感覚や、金属の感触が嫌な場合もあります。揺れが徐々に楽しくなって気持ちが興奮しすぎてしまうことも要因の一つになります。

ほかの場面でのようす

- ☐ 高いところからジャンプすると危ないという認識はもてますか？
- ☐ ジャングルジムの棒や鉄棒をしっかり握ることができますか？
- ☐ 綱引きができますか？
- ☐ 怒ったり泣いたりしても気持ちを切り替えることができますか？

　「手を離すと危ない」という認識が大切です。けがをすることがあると理解できていない子どもは、自分の背よりも高いところから飛び降りようとしたり、急に道路に飛び出したりしてしまうかもしれません。

　手で姿勢を保つことが苦手な場合や、握る力が弱い子ども、または金属の感覚が苦手なときはジャングルジムや鉄棒も握りたがらないでしょう。楽しくなりすぎて手を離してしまうこともあるので、普段から気持ちのコントロールが苦手な子どもも注意が必要です。

あそびの工夫 と 感覚を育むアイディア

鎖に触れるのが嫌な子どもには、鎖に布を巻いたり、手袋をすることでつかむときの抵抗がうすれます。まずはものを握っていられるようにしましょう。プラスチックのブロックやねんどなど、様々な素材の感触を体験することも大切です。

あわせて、ほかの遊具でも安全にあそべるように配慮したり、危険なことについて教えてあげましょう。小さいうちは危険だと認識できなかったり、声をかけても注意できないことがあります。まずは大人と一緒に安全にあそぶ方法をまねすることから始めましょう。また、興奮しすぎないような配慮も必要です。

❶ ゆらゆら綱引き

縄のように揺れ動くものをしっかりと引っ張り、大人は反対側から力を入れてしっかり支えましょう。最初は縄に結び目をつけて引っ張りやすくします。

大人は少し力を抜いたり、ゆらゆら揺らしたり、段階づけていきましょう。

❷ おさるさんあそび

大人の腕につかまって持ち上げてもらい、ぶらさがったり、ゆらゆら揺らします。揺れている間もつかまっていられるようになったら、揺れを大きくしたり、つかまる場所を腕から体に変えたりしてみましょう。

 鎖をしっかり握れるようになってから乗りましょう。安全に楽しめることが大切です。最近はブランコにもさまざまな種類（鎖ではなく縄で吊られていたり、複数人で乗ることができるなど）があるので、試してみましょう。

18 まねができない

関わる感覚・機能：視覚   深部感覚 運動企画 運動など

　ダンスを見本の通りにまねできない場合、自分が考えた通りに体を動かすことに苦手があることが考えられます。自分の体がどのような位置にあるかなどの深部感覚を感じにくいことが考えられます。

　左右の手足を同時に動かすことや、体の部位ごとに注目して見ること、見た通りに体を動かすことが苦手なことも関係しています。

　一口にまねができないといってもその原因は多種多様であることが予想されます。

ほかの場面でのようす

- [ ] スキップはできますか？
- [ ] 大人のしていることをまねすることはありますか？
- [ ] 簡単な間違い探しをすることができますか？
- [ ] 着替えはスムーズにできますか？

　まねをすることが苦手な場合、ダンスだけではなく、鉄棒やスキップなども苦手かもしれません。他者の動作をみて、自分の動作をイメージすることの苦手さや、どこに注目してみればよいかがわからないこともあります。

　視る力が弱いと、手の角度や足の向き、体の使い方を同時に捉えることが苦手で、手や足だけに注目しすぎてまねができないこともあります。深部感覚の課題がある場合、着替えが遅かったり、体の洗い残しなどがあったりします。

1 体を大きく使った感覚・運動あそび

あそびの工夫と感覚を育むアイディア

手や足の動きを言葉で伝えたり、一緒に動かして確認させます。言葉でもむずかしい場合は、まずは大人が手を添えて一緒に動きます。あそびの中でも1つひとつの動作を言葉で指示することでイメージしやすくなります。

ダンスや体操を何度も練習するよりは、全身を使って別のあそびを通して、まずは自分の体を知ることが大切です。体の動きを把握することができると、見ることに意識を傾けられますし、左右の体の位置の違いなどに気がつくようになります。

見ることが苦手な場合は、間違い探しなどで止まっているものを見比べてみましょう。

1 一緒に動いてみよう

自分で動くことが苦手な場合も、大人と一緒に動く経験を通して手の位置に気がついたり、足の動きを意識することができます。手本と同じ側になる手に同じ色の手袋をはめて、注目しやすい工夫をしましょう。

ロボットや動物の動きを取り入れるとおもしろいでしょう。

2 手足を合わせてみよう

番号や絵を描いたカードを床に並べて、手と足で指示したカードをおさえます。慣れてきたら右手と左手など、左右の指示も増やしてみましょう。

 ポイント 動きをしっかりみるには大人数ではなく、1対1などで行うことも大切です。ダンスの動作を連続させずに、まずは1つひとつの動きを伝えるようにしましょう。

19 リズムに合わせられない

| 関わる感覚・機能 | 視覚 | **聴覚** | 前庭覚 | 嗅覚 | 皮膚感覚 | 深部感覚 | **運動企画** | 運動など | **視知覚** | 言語機能 | **実行機能** |

リズムに合わせられない子どもは、音をちゃんと聴けていないことや、聴けていても体を動かすことが苦手だったり、自分の体の動きを把握できていないことなどが考えられます。

音を聴いて体を動かすという2つの課題を同時に行っていることもむずかしく感じる要因のひとつです。それぞれの要素を分けて行う配慮が必要です。

また、リズムにのって次々と動作をつなげていくことに課題があるかもしれません。1つひとつの動作をつなげる際に慌ててしまい、音楽と合わなくなってしまうこともあります。

ほかの場面でのようす

- ☐ 名前を呼ぶとしっかりと振り向いたり、返事をしますか？
- ☐ 2つ以上のことを伝えられたときに、全部を覚えることができますか？
- ☐ 音楽に合わせて手拍子することができますか？
- ☐ まねをする動きが2つ以上合わさっても、スムーズにできますか？

ダンスの動きをまねできていてもリズムに合わせられない子は、音をしっかり聴けていなかったり、音と動作の2つに注意を向けることが苦手かもしれません。また、動作に一生懸命になってしまった結果、リズムに合わせられていないことがあります。

そんなときは音楽をスローで再生したり、動作を簡単にしたり、フレーズごとに修正できるように区切りながら練習してみましょう。

あそびの工夫と感覚を育むアイディア

　まずは動きができることが大切です。そのうえで音をしっかりと聞きましょう。リズムに合わせようと慌ててしまうと、音を聞くことと動くことのどちらもおろそかになってしまいます。

　体を上下させるような簡単な動きを、音楽の流れている間続けるなど、まずは体を動かしながら音楽を聴くようにしましょう。

　リズムの変化がしっかりと聞けるようになったら、少しずつ動作を増やしたり、動作を切り替えるポイントなどを合図で伝えてあげましょう。

　大人が手を大きく上げるなどの合図を決め、子どもが合図に気づきやすいように配慮します。

１ この音なあに？

　異なる2つの音を流し、それに合わせた2つの動作で答えるあそびをします。例えば、波の音でゆらゆら動く、犬の鳴き声で四つ這いをするなど、音に合わせて動きます。慣れてきたら音を変える間隔を短くしたり、3、4つと音と動きを増やします。

２ 揺れながら数えてみよう

　音だけではなく、体の動作に対してもリズムがとれるように、ブランコの揺れと数を合わせてみましょう。ゆっくり大きく揺れながら数を数えることができたら、勢いをつけてやってみましょう。

ポイント 音に注目させるために合図をしていると、合図を頼りにしてしまうことがあります。最終的には子ども自身が音の違いに気がつけるような工夫が大切です。歌詞に印をつけたり手拍子するポイントに色をぬるなどして、見てわかるようにしてみましょう。

20 握れない、ぶら下がれない、支えられない

関わる感覚・機能：嗅覚 / 皮膚感覚 / 深部感覚 / 運動など

　ぶら下がりができるためには、しっかり鉄棒を握ることが大切です。持ち方によっては、すぐに手が外れて危険です。

　そして、手で握り続けられる力や、腕で体重を支え続けられる力がとても大切です。また、手が届く高さであれば、足が地面に着かないように持ち上げ続けるため、より腹筋の力が必要になります。逆に手が届かないと、ジャンプして鉄棒をつかむために手足を協調させた運動を求められたり、バランスをとることが苦手な子どもは足を浮かせることを怖く感じたりすることがあります。

　鉄棒を握ることを拒否する子どもは、鉄棒の温度に過敏になっていたり鉄の臭いが手につくことを嫌う場合もあります。

ほかの場面のようす

- ☐ 棒を握るときに親指が使えていますか？
- ☐ 手押し車ができますか？
- ☐ 両手に荷物を持って歩くことができますか？
- ☐ 仰向けで体を丸くした姿勢を10秒以上とれますか？

　鉄棒から手をすぐに離してしまう子どもの中には、親指と人差し指が横に並ぶ握り方をしている場合があります。鉄棒をしっかり握るためには、親指と人差し指が向かい合わせになるように鉄棒を握り、腕全体の力を発揮しやすい握り方がベストです。

　鉄棒をするには、普段から重い荷物を持って歩いたり、手押し車でしっかり体を支えられるくらいの腕の力が必要です。また、ぶら下がりをするには腹筋や背筋の力も必要です。

あそびの工夫 と 感覚を育むアイディア

鉄棒以外でも、握る力や体を支える力を高めるあそびを行いましょう。また、胸の高さの鉄棒で、実際にぶら下がるあそびをして鉄棒に慣れていきましょう。ぶら下がりをするときは、大人が子どものおしりから太ももの裏あたりを支えて、徐々に体重を手にかけるようにしてぶら下がる感覚を伝えていきます。何秒ぶら下がれるかを数えたり、お友だちと競い合ったりするとよいでしょう。

両手で鉄棒を握った状態で、ボールをけってみたり、前方にある的をけって倒すあそびをしたりして、ぶら下がりから徐々に動きを加えていく中で、前回りや逆上がりにつながる動きを促すことができます。

① 手押し車

手押し車の姿勢をとるだけでも体を支える練習になります。大人は子どもの腰からひざ、足首と徐々に支える位置を変えることで、子どもの手にかかる体重の量を調整することができます。

② 毛布そり

お友だちや荷物を毛布の上に乗せて引っ張りましょう。しっかり握る力と腕の力が養われます。お友だちを乗せた場合は交代で楽しみながら行いましょう。荷物の場合は宅配便ごっこにしてイメージを持ってあそぶとよいでしょう。

 足を浮かせると怖がる場合や、触覚の過敏さで鉄棒を握ることを拒否する場合は、無理矢理させないようにしましょう。また、しっかりぶら下がれない場合は急に手を離すこともあるので、落ちても痛くないようにマットを敷いて、大人がすぐそばで対応できるようにしましょう。

21 前回りができない

まず鉄棒に跳び乗りツバメの姿勢を作ります。手足や体を協調させた動きと、体を支える筋力が必要です。このとき、足が宙に浮くことや、頭が地面から高くなることを怖がる子どももいます。また、ひじが曲がった状態の子どもは、体を前に倒して回れないことやお腹が鉄棒に当たって痛くなることで鉄棒を嫌がることがあります。

次にツバメの姿勢から、頭を前に倒すと同時にひじを曲げ、体を丸めるといった連続した動きが必要です。このとき、地面に顔が近づくことを怖がって、急に手を離してしまう子どももいます。お腹が鉄棒から離れないように、腕で体を引きつけて最後まで手を離さないようにして回ります。体のイメージや連続した運動の組み立てが大切です。

ほかの場面のようす

- [ ] 腰から胸の高さの台の上にのぼれますか？
- [ ] おんぶや抱っこで体にしがみつけますか？
- [ ] 腕立て伏せの姿勢がとれますか？
- [ ] マットで前転はできますか？

　腰から胸の高さの台にのぼる運動は、手で自分の体重を支えつつジャンプするといった手と足を協調させた運動の組み立てが必要です。この手と足の動きのタイミングがバラバラであったり、力が弱かったりするとのぼることがむずかしくなります。

　また、鉄棒はぞうきん絞りができるくらいの握力や腕の力と、腕立てふせの姿勢がとれるくらいの腕の力と腹筋や背筋も必要です。鉄棒を回るときはマット運動の前転のように姿勢を調節する機能がうまく働かないと、頭が逆さになったり回転したりする姿勢をとても怖く感じます。

あそびの工夫 と 感覚を育むアイディア

ツバメの姿勢から補助をつけて前回り下りをしましょう。胸より低い高さの鉄棒で行います。両ひじを伸ばして支えます。むずかしい場合は、体重を支えてツバメの姿勢がとれるように補助します。

前後に倒れやすい場合は、補助者が胸と両ひざを支えます。鉄棒を回るとき、前に倒れることが怖い場合は、胸と頭の後ろに手を当て、あごを引いて体を丸めるように補助します。下まで頭が下がってきたら、今度は背中を支えて足を地面に下ろすようにします。そして、鉄棒から体が離れないように引きつけて回り、着地します。このとき、最後まで手を離さないように伝えましょう。鉄棒の下にクッションを置くと安心して取り組めます。

① リズムジャンプ

大人と向かい合って手をつなぎ、両足をそろえてジャンプをします。このとき、大人は子どもの手を下から握るようにします。ジャンプが上手になってきたら、大人が床に足を閉じた姿勢で座り、その足を跳び越えてあそびます。手に体重をかけながらリズムよく跳べるように促します。手で体を支える感覚とジャンプのリズム感が養われます。

② 飛行機ビュンビュン

大人が仰向けに寝て、すねの上に子どもを乗せます。大人の親指を子どもが握り、支えるようにします。足を上下させてゆらゆらしてあそびます。バランス感覚や体を支える力が養えます。余裕が出てきたら、今度は足の裏で支えるようにします。少しずつ足を伸ばして、高さをつけていくとよいでしょう。

親指をつかませると安心です

ポイント 鉄棒がお腹に当たり痛がる場合は、タオルを巻きつけてクッションにすると安心して取り組めます。また、胸より高い鉄棒に跳び乗りをするとき、「前に跳ぶ」と伝えると、文字通り前に跳んで顔をぶつけることがあります。「上に跳ぶ、ななめ前に跳ぶ」と伝えましょう。

22 逆上がりができない

関わる感覚・機能：視覚 聴覚 **前庭覚** 嗅覚 皮膚感覚 **深部感覚** **運動企画** **運動など** 視知覚 言語機能 実行機能

　逆上がりができない子どもは、体を引きつける動作ができておらず、腕が伸びて、鉄棒から体が離れてしまっていることがあります。これでは重心の位置が鉄棒から遠くなってしまうので足を持ち上げられません。

　次に、足のけり上げは、左右の足にそれぞれ体重を移動させてタイミングよく頭の上にける力が必要です。しかし、足をけり上げる方向が前方になってしまったり、足が伸びたままになったりするとうまく鉄棒の上に体を回すことができません。

　また、姿勢の変化にうまく対応できない子どもは、逆上がりの後ろに倒れるという目で確認できない動きや、回転して頭が下になる動きを怖がって拒否する場合もあります。

ほかの場面でのようす

- ☐ 重い荷物を持って歩けますか？
- ☐ おんぶや抱っこで大人の体にしがみつけますか？
- ☐ 腹筋ができますか？
- ☐ 床に体育座りで後ろに転がることができますか？

　鉄棒に体を引きつけるためには重い荷物を持って歩いたりぞうきんを絞ったりとしっかり手で握れる力が必要です。また、おんぶや抱っこをしたときに大人が体を支えなくてもしっかりしがみつける力も大切です。足をけり上げるときに足を持ち上げる力として腹筋の力やリズムよく左右の足を踏み切る感覚も大切です。また、体育座りで後ろに転がっても姿勢を保てるといった姿勢の変化に対応できる力も必要です。

あそびの工夫と感覚を育むアイディア

　鉄棒は腰から胸の間の高さを選びます。両手は腰幅に開いて手首が鉄棒より下の位置になるようにして握りましょう。足を前後に開いて体を鉄棒の近くにします。そして、自分の頭の上をめがけて足を大きく振り上げます。このとき、必ずお腹が離れないようにします。タオルを腰の後ろに回して左右それぞれ鉄棒と一緒に持つ工夫や、市販の補助ベルトを使うのもよいでしょう。また、大人はけり上げるときに腰の後ろをサポートします。これにより、鉄棒を体に引き寄せるタイミングがつかみやすくなります。

　鉄棒を回るときはあごを引いて体を丸めるようにします。そしてひざが鉄棒を越えたら、足をしっかり伸ばすと体を起こすことができます。回ったときに手首を返して体を支えるようにすることが大切です。

❶ オーバーヘッドキック

　子どもは鉄棒でななめ懸垂の姿勢をとります。大人はネットに入れたボールを子どもの足元にくるように持ちます。そのボールを子どもがけってあそびます。ななめ懸垂の姿勢により、鉄棒に体を引きつける力が養えます。また、徐々にボールの位置を高くすることで、逆上がりのけり上げる感覚がつかめるようになります。

❷ くるりんぱ

　大人と立ったまま向かい合って両手で手をつなぎ、子どもは大人の足とお腹をよじのぼってから後方に回転します。安心できる大人とすることで、頭が下に向いたり、回転したりしても対応できるようにしましょう。

 ポイント　腕の力はあっても腹筋や背筋が弱い子どもは、引きつける力が入りやすい逆手（鉄棒の下から握る）をおすすめします。腕の力はなくても腹筋や背筋の力が強い子どもは、順手（鉄棒の上から握る）の方が力を発揮しやすいことがあります。

23 階段をのぼれない

| 関わる感覚・機能 | 視覚 | 聴覚 | **前庭覚** | 嗅覚 | 皮膚感覚 | **深部感覚** | 運動企画 | **運動など** | 視知覚 | 言語機能 | 実行機能 |

　階段がのぼれない子どもは、ボディイメージができておらず、すべり台に対してどうしていいかわからない状態であったり、力が弱かったり、バランスをとることが苦手であったりします。また手すりを持つ力が弱かったり、触れたりすることが苦手なのかもしれません。そしてすべり台の階段は隙間から景色が見えるため、のぼる途中で怖がることがあります。

　そのほかに子どもが怖いと感じているにもかかわらず、過去に無理矢理すべり台をさせられてトラウマになっていることがあります。中には、途中で怖いことに気づき、身動きがとれなくなる子もいます。

ほかの場面でのようす

- ☐ 建物内の階段はのぼれますか？
- ☐ 転んだときに手をつくことができますか？
- ☐ 四つ這いはできますか？
- ☐ 肩車や高い高いを怖がらずにできますか？

　建物内の階段を一人でのぼれる力が必要です。階段をのぼるためには、片方の足で体をしっかり支え、つまずいたり転びそうになっても支えられるように、手すりを持って移動できることが大切です。手すりを持って移動するためには、四つ這いで体を支える力や手足を交互に動かす力も必要です。

　すべり台を楽しむためには、普段から揺れる姿勢の変化に対応する力が必要です。無理矢理あそばせると、逆効果になります。徐々に自らチャレンジできるように段階を踏むことが大切です。

あそびの工夫と感覚を育むアイディア

いきなりすべり台の階段にチャレンジするのではなく、身近な段差をのぼったり降りたりしてボディイメージを高めるあそびをしましょう。特に四つ這い姿勢は階段の手すりを持って手足を交互に出す動きや手で体を支える基本的な運動になります。

また、安心できる大人との体あそびを通して、姿勢の変化を楽しめるようにしましょう。

他に子どもがいないときに、すべり台を逆からのぼって低い位置から自分のタイミングですべるあそびを繰り返すなど、すべり台が楽しいと感じることが大切です。

1 お布団のお山であそぼう

お布団を何枚か積み重ね、傾斜のある山を四つ這いでのぼったり、降りたり、転がったりしてあそびます。子どもがチャレンジできる高さから徐々に高くして、よじのぼる練習を取り入れます。

2 人間アスレチック

安心できる大人と視線が高くなる姿勢にチャレンジします。安定する抱っこの姿勢から始め、次におんぶ。おんぶでも支える手を離しても大丈夫なようであれば、肩車。肩車も手で支えた肩車から手を離した肩車など段階を追ってチャレンジしてみましょう。高い高いも子どもがジャンプする動きに合わせて、床から少しずつ高くしていきましょう。

 注意力が散漫で足元が確認できずに踏み外してしまう子どももいます。階段は手すりをしっかり持ってのぼるようにしましょう。転倒しないように、大人は後方で見守りましょう。

24 ブレーキをかけられない

関わる感覚・機能: 視覚 聴覚 **前庭覚** 嗅覚 **皮膚感覚** **深部感覚** 運動企画 **運動など** 視知覚 言語機能 **実行機能**

すべり降りるスピードを楽しむためには、自分の体の位置がどうなっているのかを感じながら、先を予測してスピードをコントロールする必要があります。

しかし、スピードを調節できないと加速する力に対応できず、後ろに倒れて頭をぶつけたり、着地時に勢い余って前に転倒したりする危険があります。ブレーキをかけるためには、手ですべり台の縁をつかんだり、足をすべり台の側面につけて調整する必要があります。

手の握る力が弱かったり、触れる感覚が苦手であったり、足元のイメージが弱かったりすると、ブレーキの動作がむずかしくなります。

そして、先を見通して危険を察知する注意力が重要になります。

ほかの場面でのようす

- ☐ 手すりを握って階段がのぼれますか？
- ☐ 肩車で体が揺れても姿勢が保てますか？
- ☐ ジャンプができますか？
- ☐ 人混みをぶつからずに歩けますか？

　手でブレーキをかけるためには、しっかり握る力や引っ張る力、踏ん張る力が必要です。日常生活で手すりを持って階段をのぼることや、鉄棒やジャングルジムで体を支える動きと似ています。また、すべり台は加速するスピードに対して姿勢を対応させる必要があり、日常生活で肩車など不安定な姿勢でもバランスがとれることや、視線が高い状態でも楽しめることが大切です。そして、着地から立ち上がる姿勢のバランスはジャンプの着地の動きに似ています。

　また、危険を予測して注意を払う力がないと、人混みを歩く際にぶつかるようすが見られます。

あそびの工夫と感覚を育むアイディア

　動物に変身して斜面を四つ這いでのぼり降りするあそびをしましょう。体を支える力やふんばる力を養うことができます。

　実際のすべり台では、他の子どもがいない時間帯に、逆からのぼってすべるあそびをしてみましょう。初めは低い位置でののぼり降りを繰り返す中で、縁を握る力加減がつかめるようになります。

　縁に触れる感覚や摩擦熱が苦手な子どもは、ゴムつきの手袋を使います。すべり台の斜面の途中に大人が手で遮断機を作り、そこで一時停止するあそびをするのもよいでしょう。そのときに手だけではなく、足を広げて摩擦力を利用してブレーキをかけられるようにするとよいでしょう。

❶ ぞうきんウォーク

　ぞうきんをおしりの下に敷いて床に座ります。手を後ろにして体を支え、前に進みます。ゴールを決めてお友だちと競走すると楽しめます。

　手足で体を支えるだけでなく、体幹を支える力も養われます。このあそびを通して、手足への重心移動や力の加減などの調整を学ぶことができます。

❷ バランス崩し

　2人組で行います。互いが向き合って腰の後ろにロープを通して手で持ちます。引いたり緩めたりかけひきをしながら引っ張り合い、先に足が動いたら負けるゲームです。ブレーキの動きに似た要素で、瞬時に動きを判断してロープを握る動きが必要とされます。

　すべり台の傾斜角度や素材によってはすべりすぎることがあります。また夏場は熱くなっていたり、冬場は冷たくなっていたりと気温によって温度が変わります。大人が先にすべり台をすべって確認しましょう。すべり台を逆からのぼるのは一人であそぶときだけにしましょう。

25 順番を待てず前の子を押す、ぶつかる

関わる感覚・機能 | 視覚 | 聴覚 | 前庭覚 | 嗅覚 | **皮膚感覚** | **深部感覚** | 運動企画 | 運動など | 視知覚 | **言語機能** | **実行機能**

　まずは人と関わろうとしているのか、それとも人を意識できていないのかを確認します。前者であれば、力の調整がうまくいかないことが要因のひとつです。人を意識できていない子どもは、社会性の低さが考えられます。

　公園などの公共の場では、ルールの意味を理解できていないと他の子どもとトラブルになります。相手の気持ちがわからなかったり、行動の意図がつかめなかったり、距離感がつかめないといった要因が挙げられます。また、注意されている言葉の意味がわかっていないために、順番が守れなかったり、衝動的に手を出してしまったりといったようすが見られます。または、注意散漫で、よそ見をしていてぶつかることもありえます。どれも大人の配慮が必要です。

ほかの場面でのようす

- [ ] 道具やものをやさしく扱えますか？
- [ ] 約束を守ることはできますか？
- [ ] 人への興味関心がありますか？
- [ ] 人との適度な距離感を保てますか？

　力の加減がむずかしい子どもは、普段からものを粗雑に扱うことが多いようです。常に体が動いていたり、激しい動きを求める子どもは、力の加減がむずかしいこともあります。刺激を求めて勢いよくすべることで、友だちとぶつかってしまうこともあります。

　「待つ」という気持ちをコントロールする力を育てることも大切です。相手の表情や言葉の意味がわからなければ、ルールを絵に描いて視覚的に説明する必要があります。

1 体を大きく使った感覚・運動あそび

あそびの工夫と感覚を育むアイディア

　まずはおやつの時間など子どもが意欲的になる場面で、「待つ」時間をあえて作りましょう。初めは短く時間を区切り、待てたらほめます。そして徐々に「待つ」時間を長くしていきます。

　実際の場面では、子どもの一つ前をすべる子どもの名前を教えて意識させます。また、洋服の色や描かれているキャラクターを伝えて子どもが目で見て順番をわかる方法で伝えます。初めは大人が手で遮断機を作り、勝手にすべれないようにします。遮断機が上がる合図ですべっていいことを伝え「待つ」ことを教えます。

　他の子どもが下まですべったらスタートするという形で、徐々に子どもたちだけであそべる環境を作っていきます。

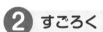 ジュース屋さんごっこ

　ジュース屋さんになって、お客さんにジュースを注ぎ分けます。ペットボトルに入れた水をこぼさないようにコップに注ぐことで、力の加減を意識することができます。ジュースの中身を水やビーズ、砂など素材を変えてあそぶのもよいでしょう。お友だちや家族の注文を受けて、順番を意識しながらあそぶのもよいでしょう。

② すごろく

　サイコロを振る順番を、写真を使ってわかりやすく示します。ゲームをする中で、順番や待つことを理解させます。

　それでも順番がわかりにくい場合は、サイコロを振る人は帽子をかぶるなど目印になるものを使って、誰がサイコロを振るのかを強調するとよいでしょう。

 ルール守ろうとしないときは、すべり台をさせずに帰ります。癇癪を起こしても一度大人が決めたら徹底してゆずらない姿勢が大切です。人数が多くてトラブルに発展しそうであれば、その場から離れて違うあそびをさせます。注意や指摘ばかりをするのではなく、どうすればいいのかを教え、できていることをしっかりほめましょう。

26 怖がる

関わる感覚・機能：

　すべり台は階段をのぼったときの高さや、すべり降りる加速のスピードといったスリルを楽しむ遊具です。

　ドキドキしながらも遊具に関わる中で、スピードやバランスといった感覚や運動の機能が培われ、ボディイメージや空間に対する体の位置関係を理解していくことができます。

　しかし、揺れや傾き、スピードなどの感覚が苦手な子どもは恐怖に感じます。無理矢理すべらされた経験はトラウマになってしまいます。

　また、姿勢の調整がうまくできないと、すべったときの勢いで頭をぶつけたり、着地時に前に転倒したり、おしりから落ちてしまったりして痛い思いをします。

ほかの場面のようす

- [ ] ブランコなどの揺れる遊具を怖がりませんか？
- [ ] 座った姿勢を保てますか？
- [ ] まっすぐ歩けますか？
- [ ] 転倒したときに手が出ますか？

　姿勢を保つために必要な感覚情報になんらかの問題があると、一般的には特になんともない揺れや高さに対して、過剰に怖がることがあります。このような状態ではブランコやすべり台を楽しめません。

　また、筋力が弱く、日常の姿勢でもバランスをとることや支えることが苦手で、ふらつきが見られたり、姿勢を維持できないと、急激な姿勢の変化に対応できなくて不安に感じるかもしれません。また、転倒したときに手を前に出したり、受け身がとれたりする力も大切です。

あそびの工夫と感覚を育むアイディア

　安心できる大人の体の上で揺れたり傾いたりと、姿勢調節を促すあそびを行いましょう。

　そして、公園のすべり台であそぶ前に、机や段ボールなどを使って斜面を作ってあそんでみましょう。高さを低く、傾斜角度は緩やかにすることで、自ら斜面であそべるようになるかもしれません。斜面でボールを転がしたり、おもちゃをすべらせたりする中で、興味関心を高めていくとよいでしょう。

　段階的にあそべたら、実際に公園のすべり台を安心できる大人と一緒にすべってみましょう。初めはゆっくりすべるようにして、低い位置から徐々に自分ですべるようにチャレンジしてみましょう。

❶ 大型バス

　床に大人が足を伸ばして座り、その上に子どもがまたがって座ります。大人はひざを屈伸させて上下に子どもを揺らします。段階的に大きく揺らしていき、最後はひざを大きく曲げた状態から「3・2・1」と掛け声をかけながら足を伸ばします。急激な姿勢の変化にも対応できる力を養えます。

❷ 段ボールの電車

　子どもが段ボールの中に入って、大人がその段ボールを押してあそびます。段ボールに囲われた環境の中で、スピードの変化を楽しんでみましょう。普通や特急などのイメージをつけると、より楽しくあそべます。

> **ポイント** すべり台が怖いようであれば、無理してあそばせる必要はありません。自分でやりたいと思う気持ちが第一です。公園ではすべり台以外の楽しめる遊具でしっかり体を使ってあそぶことが大切です。

27 うまくあそべない

| 関わる感覚・機能 | **視覚** | 聴覚 | **前庭覚** | 嗅覚 | 皮膚感覚 | **深部感覚** | **運動企画** | 運動など | 視知覚 | 言語機能 | 実行機能 |

ジャングルジムはまたいだり、くぐったりとボディイメージを高める遊具です。自分の体の大きさや向き、頭の位置や手足の長さといったボディイメージが弱いと、ジャングルジムの空間に対してどのように体を合わせて、どのように動いたらよいかがわからず、うまくあそべません。

高さに不安や恐怖を感じる子どももいます。また、1つひとつの動きや状況に対して注意を向ける力が弱いと、急に手を離してしまったり足を踏み外したりしてしまいます。

体を持ち上げたり支え続けたりするための基本的な手足の筋力や、バランスをとって姿勢を保つこともポイントです。

ほかの場面でのようす

- ☐ 机や椅子の下など、狭い空間で体をかがめることができますか？
- ☐ 段差を怖がりませんか？
- ☐ 転んだときに手をつくことができますか？
- ☐ おんぶなどでしがみつくことができますか？

　ボディイメージが弱いと、自分から見えない部分に意識を向けられず、机や椅子の下をくぐるときに頭や背中をぶつけてしまうことがあります。段差でバランスがとれなかったり、転んだときに手で体を支える反応が遅れる場合、不安定な場所や高いところを怖がります。

　ジャングルジムをのぼり降りするためには手足の筋力が必要であると同時に、四つ這いで移動するときのように、手足を交互にバランスよく動かしながら、体を支える必要があります。また、おんぶされたときに体にしがみつき続けられるくらいの筋力が必要です。

あそびの工夫と感覚を育むアイディア

　ジャングルジムがうまくあそべない子どもは、好きなキャラクターやグッズをジャングルジムの中に入れて、「あそこに行きたい」という気持ちを高めます。

　子どもの力に見合った高さや奥行きを目標として設定します。また、ジャングルジムの途中の箇所に板などで足場を作ると、そこで一度姿勢が整えられるので、周りの状況を確認する余裕が生まれます。「ここまでのぼった」と達成感を得ると同時に自尊感情が高まり、次の動きにつながります。

　補助のポイントとして、子どもの足の裏を支えて、足場を自分で探しながら移動できるようにするとよいでしょう。

❶ トンネルあそび

　机を並べた空間をトンネルに見立て、電車になったつもりでくぐってあそびます。なるべく、体が机に触れないようにします。うまくできるようになったら、後ろ向きの姿勢でやってみましょう。ボディイメージを高めたり、手足の筋力をつけたりすることができます。

❷ アニマルウォーク

　動物になって階段を山に見立ててのぼってみましょう。四つ這い姿勢で階段を上下することで、ボディイメージや体を支える力がつきます。階段は転倒の危険性があるので、十分に気をつけて取り組みましょう。

> **ポイント** どこに手足を置くか迷う子どもにはジャングルジムと手足にシールを貼って、それぞれの色を合わせて視覚的な手がかりにする方法もあります。

28 渡れない

関わる感覚・機能

　平均台あそびは自分の体の幅より狭い台に対して、体が落ちないようにバランスをとって姿勢を保ち移動することが求められます。また、姿勢が崩れても姿勢を立て直すための筋力が必要です。

　そして、床と自分との距離（高さ）を把握して、台から落ちたとしても受け身をとったり姿勢を保ったりと、落ちても安全であるといった見通しをもつことのよって、楽しめるあそびです。

　体育の授業では、足を交互に出して進む必要があります。この動きを行うためには片足に重心を移動させながら姿勢を保つ力が必要になります。

ほかの場面でのようす

- ☐ 階段を怖がらずに降りられますか？
- ☐ 段差のないところは転ばずに歩けますか？
- ☐ 床でまっすぐ歩くことができますか？
- ☐ 片足立ちが2〜3秒できますか？

　姿勢の傾きを調節してバランスを保つ機能がうまく働かないと、自分の体をコントロールできず、段差など姿勢が変化する不安定な場所を怖がります。

　全体的に筋力が弱い子どもはうまく姿勢を支えられず、バランスの機能も働きにくくなるので、床でも足元がふらつき、まっすぐ歩けないことがあります。

　足を交互に出すためには、片足で自分の体を保つ力が必要です。片足立ちができなくても、片足に体重をかけてバランスをとり、姿勢を保てれば、平均台でも足を交互に出すことができます。

あそびの工夫と感覚を育むアイディア

まずは平均台をまたいだり、座ったりといった簡単な動作で親しむあそびから始めましょう。

また、子どもの能力に合わせて、バランスを保ちながら安心して歩ける幅と高さの道を雑誌や角材で作り、車や電車になりきってあそびます。バランスをとりにくい子どもは裸足でするとよいでしょう。平均台で補助する場合は、子どもの手を握るとそれに頼って体が前や横に倒れ込みやすくなります。大人が後方にまわり、子どもの腕や腰を持って補助するとよいでしょう。子どもが手で支えを求める場合は、大人の衣服をつかむようにして、大人にもたれかからずに自分でバランスがとれるようにしましょう。

❶ 魚釣り

マグネットを餌にした釣竿を準備して、空き缶を魚に見立てます。色んな幅や高さの台を船に見立てて、床の海に落ちないように魚を釣ります。楽しみながらバランス感覚を保つ力がつきます。

❷ 飛び石

小さなマットをジグザグに並べて道を作ります。その上を両足ジャンプや片足ジャンプでマットから落ちないように渡ります。バランス感覚や踏ん張る力が高まります。

 平均台のスタート位置に平均台と同じ高さの台を置き、姿勢を整えるスペースを作ると、平均台の上に乗りやすくなります。

29 前転ができない

関わる感覚・機能: 視覚 | 聴覚 | 前庭覚 | 嗅覚 | 皮膚感覚 | 深部感覚 | 運動企画 | 運動など | 視知覚 | 言語機能 | 実行機能

　前転をするためには、頭の位置が逆さになったり回転したりと、変化してもバランスをとって姿勢を保つことが求められます。また、手で体を支えたり、体を丸めたり、床をけり上げたりといった筋力も必要です。そして自分のボディイメージができていることや手と足の位置関係がわかっていること、そして重心をうまく移すことがとても大切になります。

　前転は、まず軽くひざを曲げた腰の高い姿勢で構えます。次にマットに両手をついて体重を支えます。そして、頭の後ろの部分をマットにつけて体を丸くすると同時に、両足でマットをけって体を回し、その反動で起き上がります。このような手順で連続した動きをタイミングよく行う必要があります。

ほかの場面でのようす

- ☐ 立ったままの姿勢で、床に落ちているものが拾えますか？
- ☐ ブランコやすべり台、鉄棒などを楽しめますか？
- ☐ 体育座りができますか？
- ☐ 腹筋ができますか？

　バランスを感じ取る感覚や姿勢をうまく調節できない場合は、頭が逆さになったり回転したりする姿勢をとても怖く感じてしまうことがあります。またブランコやすべり台、鉄棒といったバランスを求められるあそびを楽しめる力が必要です。
　連続した動きをタイミングよくできない場合は、手と足の位置が遠い、しゃがみ込む、ひじが曲がりすぎるなどが要因です。

あそびの工夫と感覚を育むアイディア

　最初の構えは両手の位置をつま先から手のひら一つ分離れたところに肩幅に広げてつきます。ひざを軽く曲げ、しゃがみ込まないように腰を高い位置に保ちます。つぎに両足の間に頭を入れるように前に倒れて、頭の後ろをマットにつけて転がるとうまく体を回すことができます。手をつく位置がつかみにくい子どもは、足と手の位置にテープで印をつけて手がかりにします。また、マットをけり上げる力が弱い場合は、足の位置が手よりも高くなるような傾斜をつけたマットにすると体を回しやすくなります。まっすぐ転がれない場合は、マット上に少し隙間ができるように2枚のマットを並べ、隙間に頭を沿わせるように転がると、体の動かし方が背中から伝わり、まっすぐ転がることができます。

1 ぞうきんがけ

　両手で自分の体を支える力をつけましょう。支える力が弱い子どもは、床のぞうきんがけなど四つ這いや高這いになる活動を生活の中で取り入れると、両手で支える力をつけることができます。

2 起き上がりこぼし

　体育座りになって両ひざを両手で抱えて、起き上がりこぼしのように前後に体を揺らしてあそびます。体を丸めながら回転する感覚がつかめると同時に、腹筋を鍛えることもできます。

 ポイント 厚めのクッションやお布団を使用して、体が痛くない環境で行いましょう。姿勢の変化が苦手な場合は、まずは「座位で向かい合わせだっこしてゆれるあそび」など体を使った親子あそびをして、安心感の中で少しずつ受け入れられるようします。

30 跳び箱に向かって走れない

| 関わる感覚・機能 | 視覚 | 聴覚 | **前庭覚** | 嗅覚 | 皮膚感覚 | **深部感覚** | **運動企画** | **運動など** | 視知覚 | 言語機能 | 実行機能 |

　跳び箱は助走をつけてロイター板を踏み切ってジャンプし、手をついてさらにジャンプして着地します。このようにさまざまな動作の連続で構成され、これが瞬時に行われるので運動をイメージする力や切り替える力が必要です。ロイター板を踏み切ったり、腕で体を支えたりする筋力も必要です。また跳び箱にぶつかりそうになることで怖くなり、助走途中で止まったりよけたりする子どもがいます。逆に助走を取りすぎて、その勢いが怖くなって失速することもあります。

　跳び箱の助走や踏み切りでつまずく子どもは、自分のボディイメージができていないことや、これから行う運動のイメージがむずかしかったりすることが、その要因になっています。

ほかの場面でのようす

- [ ] 転んだときに手をつくことができますか？
- [ ] 大きくジャンプしたときに体のバランスを保つことができますか？
- [ ] 走るスピードを調整できますか？
- [ ] ケンパができますか？

　前に転んだときに手を出せなかったり、ジャンプをしたあとにバランスを崩して、しりもちをついたりする状況では転倒の危険があるので、跳び箱が怖くて跳ぶことがむずかしいでしょう。また、跳び箱の助走をたくさんつける必要はありません。勢いがありすぎるとかえって踏み切ることがむずかしくなってしまいます。スピードをコントロールすることやまっすぐ走ること、リズムよく踏み切ることが大切です。踏み切る際は、ロイター板の手前で小さく片足でステップを踏み、ロイター板の上で大きく両足で踏み切ります。ケンパのようにリズムよく体を動かせることが大切です。

1 体を大きく使った感覚・運動あそび

あそびの工夫と感覚を育むアイディア

　跳び箱が怖いのにいきなり跳び箱に向かっても跳ぶことはできません。踏み切ったあとの各動作の要素を別のあそびを通して行い、段階づけながら、跳び越えるイメージを作る必要があります。

　動きを分割して着地の練習から始めるとよいでしょう。跳び箱に座った状態から、両手で体を押し上げて跳び降りる運動を行います。また、跳び箱を跳び越えるタイミングがわからないのであれば、まずは跳び箱を使用せず、ロイター板を踏み切ってジャンプする練習から始めましょう。

　動画でスローモーションや静止をしたり、巻き戻して繰り返し視覚的に確認するのもよいでしょう。

❶ 踏み切りジャンプ

　天井にボールを吊るし、ロイター板を使ってジャンプしてタッチします。まずは、助走をつけずに両足ジャンプで踏み切ることから始めます。高くジャンプしてボールにタッチします。次に助走を２、３歩つけて行います。徐々に勢いをつけられるようになったら、ボールの位置も徐々に高くして、大きくジャンプができるようにします。

❷ 台からジャンプ

　腰かけができる程度の台に座り、そこから両手で体を押し上げて跳び降りるあそびをしましょう。床に色マットなどを置いて、指定されたマットにジャンプするといったあそびにすると楽しいでしょう。跳び箱で両手をついたあとの動きのイメージや着地の練習になります。

> **ポイント** 跳び箱を怖がっている子どもに、助走をつけて繰り返し練習してもうまくいきません。各動作を段階づけながら練習していきましょう。

31 ジャンプするタイミングが わからない

| 関わる感覚・機能 | 視覚 | 聴覚 | 前庭覚 | 嗅覚 | 皮膚感覚 | 深部感覚 | 運動企画 | 運動など | 視知覚 | 言語機能 | 実行機能 |

ロイター板を踏み切るタイミングがつかめず、手前で止まってしまったり、跳び箱にぶつかったりする子どもがいます。その理由として、怖いという心理的な要因（70ページ参照）と、体の動かし方がわからないといったことが挙げられます。

運動の要因は、走る運動から両足ジャンプへの切り替えがむずかしいことが挙げられます。

踏み切るタイミングを合わせられなかったり、踏み込む位置がわからなかったりします。また、思いっきりジャンプしようとひざを曲げすぎたり、かかとから踏み込んだりすることで、うまくジャンプができない子どももいます。

ほかの場面でのようす

- [ ] まっすぐ走れますか？
- [ ] 小さな水たまりを跳び越えられますか？
- [ ] ケンパができますか？
- [ ] 両足ジャンプはできますか？

ロイター板の手前で一度軽く片足で踏み切る予備踏み切りをするとき、ロイター板と跳び箱に注目することと、その距離感がわかることが大切です。小さな水たまりを軽くジャンプして跳び越える動きと似ています。ケンパのように片足でリズムよく跳べることもポイントです。

ロイター板は両足で踏み切って、ななめ前方に大きくジャンプします。そして、跳び箱に手をついて跳ぶ動きにつなげるため、しゃがみ込まないように上体を起こして、しっかり両足でジャンプする力が必要です。

あそびの工夫と感覚を育むアイディア

　ロイター板だけを使い、踏み切ってジャンプする練習から始めます。ロイター板の手前の予備踏み切りの位置にビニールテープなどで印をつけて、目で見てわかるようにします。

　予備踏み切りになる足を決めて、リズムに合わせて、「右（左）」「両足」の動きでジャンプします。

　慣れてきたら、前方を見ながらジャンプできるように、タンバリンなどを高い位置に置いて、それをタッチするようにして跳ぶと、ななめ前に跳ぶことができるようになるでしょう。しっかり上体を起こしてジャンプすることがポイントです。

1 手を振って両足ジャンプ

　止まった姿勢で腕を前後に大きく振って前に向かってジャンプします。前方に色マットを準備して、何色に跳ぶかを決めてジャンプすると楽しめます。腕を振ってジャンプ力を高める練習になります。

2 縄ジャンプ

　止まっている縄を両足ジャンプして跳び越えてみましょう。徐々に縄を高くしていくと助走をつけて踏み切る練習が行えます。

ポイント 跳ぶタイミングがわかるように、声かけや拍手で合図をします。音楽を流して楽しく取り組むのもよいでしょう。助走は長くとる必要はありません。助走の勢いがつきすぎると、怖くて次の動きがとりづらくなります。

32 うまく跳べない

関わる感覚・機能 | 視覚 | 聴覚 | 前庭覚 | 嗅覚 | 皮膚感覚 | 深部感覚 | 運動企画 | 運動など | 視知覚 | 言語機能 | 実行機能

両足でうまく踏み切った後は、跳び箱に両手をついて、しっかり体を支えると同時に両足を前に送り出します。このとき、両手がふさがっていることや、頭が前にきて倒れそうな感覚になることで恐怖を感じることがあります。

また、筋力の弱さや左右のタイミングがずれることで体を支えられず、頭から転倒してしまう子どももいます。

怖さが先行すると、手をついたときに体を押し返してブレーキをかけてしまうことがあります。また、手をつく場所が手前になると、勢いを得られず跳び越えられません。

ほかの場面でのようす

☐ 腕立て伏せの姿勢がとれますか？

☐ 手押し車ができますか？

☐ 両足ジャンプができますか？

☐ 両手をついたうさぎ跳びができますか？

跳び箱に手をつくためには、しっかり両手で体を支える筋力が必要です。腕立て伏せの姿勢がとれるくらい両手で自分の体を支えられる必要があります。

また、跳び箱に手をつくと同時に足を前に振り出すとき、タイミングよく足を前に運べるように手足の協調運動と腹筋や背筋の体幹を支える力が求められます。床面で両手をついたうさぎ跳びなどの手足を協調させる運動ができることで、跳び箱に手をついたあとの動きを練習することができます。

あそびの工夫と感覚を育むアイディア

まず腰の高さの台に両手をついて体を傾けて体重をかけたり、その場でジャンプしたりすることで、跳び箱に手をつく感覚を養います。次に実際に跳び箱にまたがり、両手を前についておしりを浮かせて体を引き寄せるように進みます。両手で体を支える力と、足を前に運ぶ動きを練習します。跳び箱を2つ3つ連結させて繰り返し体重移動の練習をするとよいでしょう。

勢いよく踏み切っても跳び箱をまたいだ状態で止まってしまう子どもは、手をつく位置がわかるように色テープなどで印をつけるとうまくいくことがあります。また手をつくときに、腰が手を追い越すことを意識して跳び越すことが大切です。

① 箱跳び

子どもがまたがることのできる大きさのダンボール箱の中に、本などを入れ重くして動かないようにします。その箱に両手をついて体重をかけながらジャンプして、その箱を跳び越えます。実際の跳び箱より跳び越える面積が小さいので挑戦しやすくなります。手でしっかり体を支えて跳び越える練習ができます。

本を入れて
つぶれないようにする

② 両手をついてうさぎ跳び

しゃがんだ姿勢で、両手を床につき、うさぎのように跳びます。手から足に体重移動をする練習になります。このとき、しっかり手に体重を乗せるようにします。足は手の外側にくるようにすると開脚跳びの動きにつながります。うまくできたら、ボールを前に置いて、跳び越えるようにします。そうするとより遠くで体を支える練習になります。

 まずは手をつく練習から行いましょう。着地のイメージができていると恐怖心が減り、跳び箱を跳びやすくなります。また、失敗しても大丈夫なようにマットをしっかり敷いておきましょう。
手を床につかないうさぎ跳びは、足の関節や筋肉を傷めることがあるので避けましょう。

33 着地で転ぶ

関わる感覚・機能: 視覚 聴覚 **前庭覚** 嗅覚 皮膚感覚 **深部感覚** **運動企画** **運動など** 視知覚 言語機能 実行機能

　着地の衝撃をやわらげるため、足の裏全体が床に着いて同時にひざを軽く曲げて踏ん張ります。またこれと同時に、手や体でバランスをとるなど全身の協調運動が必要です。

　これらがうまくいかないと、つま先から着地することで、前にバランスを崩して転がってしまったり、かかとから着地をすることで、後方に体が傾きしりもちをつきやすかったりします。また、跳び箱に手をつくことに集中しすぎて、足を前に出せず、頭から転倒するようすが見られます。このような状況だと、けがをしたり、跳び箱を怖がる要因になるので、初めから着地を安全に行えるように取り組む必要があります。

ほかの場面でのようす

- [ ] しゃがむ姿勢をとることができますか？
- [ ] 両足ジャンプしたときに手を叩けますか？
- [ ] 転んだときに手をつくことができますか？
- [ ] 走っている途中で急ブレーキをかけることができますか？

　着地のときは足の関節がそれぞれ協調して動くことや、バランスを崩さず姿勢を保ち、踏ん張る筋力が必要です。腹筋や背筋といった体を支える力も求められます。

　日常姿勢で、立ったり座ったりする中で姿勢がふらついたりする状況では、跳び箱を跳ぶこと自体がむずかしいかもしれません。また、両足ジャンプをしたときに手を叩いたり、ひざにタッチをしたり、手足を大の字に開いたりと他の動きを組み合わせても体がぶれないことや、姿勢を保つだけでなく、運動が切り替えられることも大切です。

1 体を大きく使った感覚・運動あそび

あそびの工夫と感覚を育むアイディア

まずは床面でジャンプをして、着地後しっかり姿勢を保てるか確認します。ケンパやマット跳びを通して、バランス感覚や踏ん張る力を高めます。床面で姿勢が保てる子は、次のステップとして、台の上からジャンプをしましょう。

また、直接跳び箱の動きにつなげるために、跳び箱にまたがり、両手をつく姿勢をとり、そこで体を持ち上げ床に跳び降りる練習をします。足元を確認しすぎると、頭が前に倒れて転倒しやすい姿勢になるので、前方を見ながら着地できることがポイントです。

初めは跳び箱に足が着いたまま腰をかける程度の高さから行い、少しずつ高さをつけて挑戦するとよいでしょう。

① 走ってジャンプ

フラフープに向かって走り、フラフープの中にジャンプします。フラフープから体がはみ出ないように体をコントロールしましょう。また、踏み切る位置に低い台を設けて、台の上からジャンプするように展開してバランスを高めていきましょう。台とフラフープとの距離を離すなどして、力のコントロールを促します。

② カエル跳び

しゃがんだ姿勢で両手を床につき、カエルのようにジャンプします。実際の手をついてから着地の動きの練習になります。
足で踏んばる力を育てます。

 ポイント 着地点にはマットを敷いて、失敗して転んでも痛くない環境を確認しておくことも大切です。

34 縄をうまく回せない

関わる感覚・機能: 視覚 / 前庭覚 / 運動企画 / 運動など

縄を回すためには、まず両手で縄の持ち手をしっかり握り、それを同時に動かします。そして、両脇をしめ、肩やひじを安定させて、手首のみを回す動作が求められます。

肩やひじの安定には、しっかりと姿勢を保つ力が必要です。また、持ち手の持ち方も大切です。ひじを曲げたときに手のひらが下を向いた持ち方をしていると、縄を回したときに脇が開いてしまいます。この場合、肩を支点に縄を大きく回してしまうため、縄が遅れて回ってくることから跳ぶタイミングがずれます。また、このときに左右の手を同時に動かすことがむずかしいと軌道が不安定になり、体に引っかかりやすくなります。

ほかの場面でのようす

- ☐ ジャンプをしても姿勢を保つことができますか？
- ☐ バチを両手に持って同時に太鼓を叩けますか？
- ☐ 机にひじをついて、鉛筆で大きな丸が描けますか？
- ☐ 手首を速く回したり遅く回したりできますか？

手でバランスをとらなくてもジャンプできる力と、両手にものを持って操作できる力が必要です。縄を回す操作は、鉛筆で円を描く動作と似ています。肩を使って大きな円を描いていた初期の段階から、ひじや手首、指を使って徐々に小さな円を描くことができるといったように、手の動きをコントロールする力が必要です。縄跳びでは肩は動かさず、ひじを曲げ、手首を回す手の協調運動が求められます。加えて、リズミカルに縄を回すことも求められます。

1 体を大きく使った感覚・運動あそび

あそびの工夫と感覚を育むアイディア

まず縄の2つの持ち手を片手で持ち、体の横で扇風機やタイヤに見立てて、リズミカルに回してみましょう。手のひらが上を向くように持ち、脇をしめて手首を回します。肩で回してしまう場合は、タオルを脇に挟むとよいでしょう。

次に、もう一方の手も同様に縄を持ち、両手で同時に縄を回すようにします。

リズミカルに回せるようになったら、今度は縄が地面につく音に合わせてジャンプをしてみましょう。縄を回す感覚とジャンプのタイミングがつかめてきたら、実際の縄跳びに挑戦です。

縄が軽くて回す感覚がわかりにくい場合は、縄の真ん中にハンカチを縛って重さをつけるとよいでしょう。

❶ 持ち手の工夫

2枚重ねて半分に折った新聞紙を持ち手の上から縄に巻きつけ、輪ゴムで留めて持ち手を長くします。

縄がうまく回せない子どもは、縄を回した時に手より縄が遅れてくるなど、縄の軌道が不安定です。しかし、縄の途中までを新聞紙で固定することによって軌道が綺麗な円を描いて安定します。また跳び越えたあとの手の返し方がわかりやすくなります。

❷ ヌンチャク的当てゲーム

ハンドタオルの端を玉結びして、結んでいない方を持ってタオルを回します。的を作り、順番に倒していきます。

ポイント 両足で縄の中心部を踏んで、持ち手が胸の高さになるくらいが丁度いい長さです。縄が軽いとむずかしい場合があります。布製のものは太くて適度な重さがあり、ねじれにくいので扱いやすいでしょう。また、ゆっくり回せるので、回す感覚をつかみやすいです。

35 うまくジャンプができない

| 関わる感覚・機能 | 視覚 | 聴覚 | 前庭覚 | 嗅覚 | 皮膚感覚 | 深部感覚 | 運動企画 | 運動など | 視知覚 | 言語機能 | 実行機能 |

縄跳びは上体を起こした姿勢で軽くひざを曲げ、つま先を使って両足でジャンプします。そして、一定の場所で姿勢を保ち、リズムよくジャンプを繰り返します。視線は縄を見るのではなく、頭を動かさずに前方の一点を見つめて、自分の体と縄の位置を感じながらジャンプする必要があります。

ジャンプがうまくできない子どもは、バランスが弱く姿勢を保つことができなかったり、両足跳びがむずかしく、左右の足がバラバラに動いて縄に引っかかったりします。

また、縄を跳び越えようとして前にジャンプしたり、ひざを大きく曲げることで1回あたりのジャンプが大きくなり、リズムよく連続でジャンプすることがむずかしかったりします。

ほかの場面のようす

- [ ] ジャンプをしても姿勢を保つことができますか？
- [ ] その場で連続してジャンプができますか？
- [ ] つま先立ちができますか？
- [ ] トランポリンであそべますか？

ジャンプしたときに手でバランスをとらずに姿勢を保てる力が必要です。また、連続してジャンプをするためには、その場で小さくジャンプしなくてはいけません。

着地をしたあとに足の裏が完全についてしまう跳び方だと、次の動きが遅れてリズムよく跳ぶことができません。その場で連続ジャンプをするためには、上体を起こし、ひざを軽く曲げ、つま先で小さくジャンプをする必要があります。

1 体を大きく使った感覚・運動あそび

あそびの工夫と感覚を育むアイディア

一定の場所で両足跳びがむずかしい場合は、床で大人と向かい合って手をつなぎ一緒にジャンプするとよいでしょう。このとき、子どもがしゃがみ込まないように、大人が子どもの手を下から支えます。

バランスがとれるようになってきたら、子どもが大人の服をつかんで、自分でジャンプができるように促します。リズムがとりにくい場合は、トランポリンを利用するとリズム感が養われます。

前にジャンプしてしまう場合は、床にビニールテープで枠を作り、着地する位置に目印をつけるとよいでしょう。

一定の場所で跳べるようになったら大縄の大波小波をして、縄が体の下を通るあそびをしましょう。

1 袋ジャンプ

ポリ袋に入って両足ジャンプをしながら目的地まで移動します。両手で袋を上に引き上げながら、両足でジャンプしないと進まないので、手足の協調運動の練習になります。

2 コロコロジャンプ

太鼓のバチなど棒状のものを転がして、それをジャンプでよけてみましょう。

ものが向かってくる動きに対して自分の体を合わせる練習です。

> **ポイント** 縄に足が引っかかって失敗しても、大人は指摘せずしっかりあそばせることを心がけましょう。失敗体験が苦手意識につながってしまいます。

36 うまく入れない 跳べない

| 関わる感覚・機能 | 視覚 | 聴覚 | 前庭覚 | 嗅覚 | 皮膚感覚 | 深部感覚 | 運動企画 | 運動など | 視知覚 | 言語機能 | 実行機能 |

　回っている縄の中に1人ずつ入って跳ぶ大縄跳びは手の動きを必要としないので、1人の縄跳びほど複雑な運動ではありません。しかし、縄の動きを目で確認し、縄が地面に当たる音や掛け声を耳で聴いてリズムをとり、縄の中の入るタイミングを計る必要があります。縄の中心の位置や自分との距離を把握する力も必要です。

　運動の要素としては、走って両足で踏み切ってジャンプし、その後すぐに走るといった運動の切り返しが必要になります。姿勢が不安定だとむずかしいあそびです。

ほかの場面でのようす

- ☐ 転がるボールを見ながら追いかけてつかまえることができますか？
- ☐ 曲のリズムに合わせて体を動かせますか？
- ☐ まっすぐ走れますか？
- ☐ つま先でジャンプができますか？

　ボールを見ながら追いかけてつかまえるには、目でしっかりボールを捉える力が必要です。縄の動きを目で追ってタイミングをとる動きにつながります。また、曲のリズムに合わせて体を揺らしたり、リズムよく太鼓を叩いたりするように、大縄跳びにはリズム感が大切です。

　縄に引っかからないようにするためには、姿勢を安定させてまっすぐ走れる力が必要です。ジャンプはひざを軽く曲げ、つま先で跳びます。大きくジャンプすると次の動きが遅れて引っかかる要因になります。

あそびの工夫と感覚を育むアイディア

まずは動かない縄を跳び越えることから始めます。次に大波小波の左右揺れを跳び越えるなど、縄を動かす人がスピードや揺れ幅を調整して段階的に取り組みます。次に、縄が止まった状態から声かけとともに回転させ、その場でジャンプに挑戦します。床に印をつけてその場から離れないように真上にジャンプしましょう。

ジャンプするタイミングがわかりにくい場合は、うまく跳べる子どもと向かい合わせで手をつなぎ、一緒にジャンプします。声かけなどでタイミングを教えてもらうのもよいでしょう。縄が回っている大縄跳びに挑戦するときは、縄を回している人の横から入るようにすると、タイミングがつかみやすいです。

❶ くぐり抜け

回っている縄をくぐり抜けます。入ったり出たりするタイミングをつかめます。縄の中心に目立つ色のハンカチを結びつけると縄の動きがわかりやすくなります。また、通り抜ける道にも印をつけるとさらに挑戦しやすくなるでしょう。掛け声とともに軽く背中を押して合図を送ってもらうのもよいでしょう。

❷ 振り子のラリー

ボールを天井からぶら下げて、ボールを揺らし、戻ってきたときに手で打ち返します。揺れているボールをしっかり目で追いましょう。体に当たらないように避けるのもよいでしょう。

 ポイント 縄の長さや縄を回す人の回し方（スピードや軌道の大きさなど）が子どもに適しているかが、とても重要になります。どうしてもやりたくない場合は縄を回す役や数を数える役、友だちが跳んでいるようすを撮影する役など、役割を持って参加するとよいでしょう。

37 ボールをキャッチすることがむずかしい

| 関わる感覚・機能 | 視覚 | 聴覚 | 前庭覚 | 嗅覚 | 皮膚感覚 | 深部感覚 | 運動企画 | 運動など | 視知覚 | 言語機能 | 実行機能 |

　ボールをキャッチするためには、まずボールを投げようとする相手に注目することが大切です。空間において自分と相手の位置がわかることで、距離が把握できます。また、目でしっかりボールを追えることも大切で、近づいてくるボールのスピードや軌跡を把握することができます。これらがうまく把握できていないと、ボールがくる方向に体を向けたり、手足を広げたりして構えることができず、ボールがきても対応ができません。

　また、ボールをキャッチするときにはタイミングに合わせて、ひざを軽く曲げたり、腕を少し引いたりと、微妙な姿勢の調節を必要とします。この連続した動きがうまくいかないと、ボールを弾いてしまいます。

ほかの場面でのようす

- ☐ 人混みでも人やものにぶつからずに歩けますか？
- ☐ 人への興味関心はありますか？
- ☐ 力の調節ができますか？
- ☐ 両手をうまく使えますか？

　人混みでぶつからないように歩くためには、前から向かってくる人の動きを目で捉える力が必要になります。また自分のボディイメージがわかることで、人との距離や空間を把握してよけることができます。ボールを受け取る際にもこのような目の動きやボディイメージが大切になります。
　ボールの重さや感触によって、力を加減する必要がありますが、左右差があったり、強弱の調整がむずかしかったりすると、うまくキャッチすることができなくなります。

あそびの工夫と感覚を育むアイディア

まずは転がるボールから始めましょう。距離感がつかめず、移動してしまう場合は、マットを足の下に敷いて立ち位置を明確にします。ボールをキャッチする際は、両手を肩幅に広げ、抱えるように受け取ります。大きめのボールから始め、距離も近くから徐々に離していくなど段階的に取り組むとよいでしょう。

次に、近い距離からボールを投げ「せーの」と合図を送り、ボールの動きに注目させ、構える姿勢を意識させます。風船のようにゆっくり動くもので練習するのもよいでしょう。原色のものを使うとより注目しやすくなります。

ボールを弾いてしまう場合は、少し空気を抜いた大きめのボールを用意します。キャッチができたら、次は普通のボールをバウンドさせて胸元で受けるあそびを行い、ボールに体を合わせる意識を高めていきましょう。

① カゴキャッチ

肩幅くらいのカゴを持ち、飛んでくるお手玉をカゴでキャッチします。両手で構え、ボールを見ながら体をボールに合わせる練習になります。

② すべり台ボールキャッチ

すべり台から転がるボールをキャッチします。軌跡を予測しやすいので、転がす高さやスピードを段階づけながら取り組むとよいでしょう。

> **ポイント** ボールは子どもの状況に合わせて大きさや重さ、硬さ、色を選ぶとよいでしょう。構えがしっかりできているかを確認して、初めは大人がタイミングを合わせて、「せーの」「ぱっ」など音と動きでリズムをつかむように声かけをするとよいでしょう。また、大人が子どもの後ろから両手をとり、一緒にキャッチする動作を体験してみるのもよいでしょう。

38 ボールをうまく投げられない

関わる感覚・機能

　ボールを投げる動作は、手だけで投げる段階から、上体をひねる投げ方、足のステップをつけた投げ方、重心移動や体のひねりを加えた振りかぶる投げ方へと発展していきます。効率よくボールに勢いをつけるには、姿勢のバランスを保つ力や複雑な運動を組み立てる力が必要です。

　また、利き手が確立していない初期の段階では、ボールがある方の手を使い手投げになります。よく使う手が定まってくると体をひねって投げられるようになります。ボールを投げる手と体のバランスをとる手の役割が見られるようになってきます。ボールがうまく投げられない子どもは、連続した複雑な動作が苦手であったり、相手との距離感がつかめていなかったり、力の調節が苦手であったりします。

ほかの場面でのようす

- ☐ 人への興味関心はありますか？
- ☐ 手のグーパーの動きができますか？
- ☐ お寿司をつぶさずにつまんで食べられますか？
- ☐ 利き手が決まっていますか？

　キャッチボールは相手に注目できることが大切です。相手にボールを届ける目的があって、投げる動作をするからです。人への興味関心が低いとその目的が定まらず、うまくいきません。さらに、距離感がつかめなかったり、力加減がむずかしかったりすると、相手との距離が近い場合でも強くボールを投げてしまうようすが見られます。利き手が定まっていないとボールに近い方の手を使って手だけで投げるので、動きがぎこちなくなります。

あそびの工夫と感覚を育むアイディア

投げる動作はものを入れる動作の延長上にあります。玉入れから始めましょう。手の届く距離から徐々に距離を離していくことで「カゴにボールを入れる」という目的をもたせ、「入った」という成功体験を積み重ねることが大切です。繰り返す中で徐々にボールを手から離せるようになります。ボールの大きさは片手に収まるサイズから始めます。

まずは、投げる方を向き、ボールを持つ手と反対の足を出して投げます。ボールを投げる腕の構えがむずかしかったりうまく手を離せない子どもには、ボールを投げる方のひじを伸ばして、万歳した位置から投げさせます。このときに手のひらが前に向くようにします。

① 玉入れゲーム

玉入れのようにボールを集めて楽しみましょう。大人はカゴを持って、ボールの動きに合わせてカゴを動かすことで、子どもの成功体験を増やしましょう。

② タオルで的倒し

タオルの端を握り、片手投げのように後ろに手を引き前に腕を振ることで、ムチのようになり、そのムチで的を倒すなどのあそびを行いましょう。

また、腕の振りの練習として、紙鉄砲を鳴らして楽しむのもよいでしょう。

 ポイント ボールを投げる姿勢にこだわる必要はありません。バランスが悪かったり、全身の協調運動がむずかしい場合には、椅子に座った状態でボールを投げてみましょう。

39 顔に水がかかることを嫌う

関わる感覚・機能 　視覚　聴覚　前庭覚　嗅覚　**皮膚感覚**　深部感覚　運動企画　運動など　視知覚　言語機能　実行機能

　水がもつ水温、水圧、抵抗、浮力といった様々な特性が、水に対する不安や恐怖に影響しています。プールが苦手な子どもは、水がかかる感触が嫌だったり、シャワーの水圧の刺激を痛く感じたりと、感覚の受け取り方に偏りがあります。

　また、耳や鼻に水が入って不快な思いをしたり、水がけがにしみて痛い思いをしたり、水を飲んで息苦しい思いをしたり、以前に溺れるような経験、無理矢理プールに入れられた経験をしている場合は、トラウマになっている可能性があります。

　このように、水の特性の受け取り方や呼吸のコントロールが苦手なことが、水を怖がる主な要因です。

ほかの場面のようす

- ☐ 顔を洗えますか？
- ☐ 息を止めることができますか？
- ☐ シャワーを浴びることができますか？
- ☐ 怖がらずに手で目隠しができますか？

　顔を洗うときは息を止める、髪の毛をシャワーで洗い流すときは鼻に水が入らないように口で呼吸をする必要があります。この呼吸のコントロールがうまくいかないと、息苦しくて混乱してしまいます。

　そして、目に水が入らないように目を閉じると周りの状況が把握しづらくなるので、見えないことが不安の一つになっている場合もあります。

あそびの工夫と感覚を育むアイディア

　生活の中で顔を洗う練習から始めます。まずは濡れタオルで顔を拭きます。これは息を止める練習にもなります。タオルに含む水の量を徐々に増やして、段階的に取り組むとよいでしょう。

　お風呂のときに、片手で鼻をつまんだまま顔をつけてみたり、口を閉じ上唇までを湯船につけて鼻だけで息をしたりと段階づけて取り組み、恐怖感を取り除きます。

　シャワーを使うときは少量の水で、水圧にも配慮します。立った姿勢で足元を見るようにして、背中から頭の方へ徐々にお湯をかけていきます。このとき、お湯が顔の左右に分かれて目にかかりにくいことを確認します。口を小さく開けて落ち着いて呼吸をするように教えます。

❶ 水鉄砲

　マヨネーズの空き容器やキッチン用洗剤の空き容器に水を入れて水鉄砲を作ります。空のペットボトルを並べて的にします。水鉄砲で的を倒すゲームをお友だちと競い合ったりして楽しみます。初めはバケツから水を汲んで、慣れてきたらプールから水を汲むようにしてもよいでしょう。

❷ にらめっこ

　お風呂の中で、にらめっこあそびをしましょう。顔に水がかかっても平気になってきたら、口を湯船に入れてにらめっこあそびをして楽しみます。息を止める練習になります。

ポイント　水を嫌がる子どもに水あそびを無理強いすると、さらに強いトラウマになってしまうことがあります。自らチャレンジできる段階から徐々に広げていきましょう。ゴーグルをつけたり手で水をぬぐう方法も教えます。

40 水の中の不安定な感じが苦手

水の中では浮力がはたらきます。体が軽くなる反面、足がプールの底から浮きやすくなるので、バランスを崩しやすくなります。さらに水の中は空気中に比べ、抵抗が強くなるので、動きづらさを感じます。

特に顔を水につけることが苦手な子どもは、姿勢のバランスを崩した際に慌てて体を動かしたり、力が入ったりすることで、この水の抵抗を強く感じることになり、体がうまくコントロールできないといった悪循環に陥りやすくなります。

水の中に不安なく入るためには、水の抵抗や流れにある程度身を任せられることや、顔を水につけて潜れる力がとても大切です。

ほかの場面でのようす

- [ ] ブランコなどの揺れる遊具を楽しめますか？
- [ ] 片足立ちができますか？
- [ ] 水に顔をつけることができますか？
- [ ] 息を止めることができますか？

水の中はバランスを崩しやすくなるので、体の傾きを感じ取って腹筋や背筋を使って姿勢を保つ必要があります。ブランコで姿勢を保ったり、片足立ちでバランスを保つ力が必要です。
また、水の中は目で見て自分の体がどうなっているかを確認しにくいので、水に触れる感覚や手足の位置関係を感じる感覚、バランスを感じ取る感覚でボディイメージができていることが大切になります。また、息を止めて水に顔をつけたり、潜ったりすることが不安だと、全身に力が入り、水の抵抗をより感じて体を動かすことがむずかしくなります。

あそびの工夫と感覚を育むアイディア

まずは浮力の少ない浅いプールを歩いたり走ったりして水の抵抗や水流を感じながら、水の中で体をコントロールできるようにしていきましょう。プールにボールをたくさん浮かべて、ゲームをすると楽しく取り組めます。

水に顔をつけたり潜ったりするためには、風車で呼吸の練習をします。風車を口の前に置いて、口から息を吐き出します。風車を回す中で、息を吐くときには「ふー」、吸うときには「ぱっ」と声かけをしながら取り組みます。

それができるようになったら、今度は下を向いて「ふー」、顔を上げて「ぱっ」のリズムで繰り返し取り組みます。

① シーツおばけ

シーツの上に子どもが乗り、大人がシーツの端を持ってパタパタと動かして空気の波を作ります。空気の軽い抵抗がある中でバランスをとって体を動かします。頭にシーツを被ってもバランスが保てるようであれば、シーツを頭に被ってお化けになってあそんでみるのもよいでしょう。シーツによって周りの状況が見えなくても体の位置関係を理解してバランスを保つ練習になります。けがをしないように必ず大人が見守りましょう。

② 水中じゃんけん列車

浅いプールの中で、じゃんけん列車をします。歌が終わったら近くにいるお友だちとタッチをしてじゃんけんをします。勝ったら一番前、負けたら一番後ろと連結して電車を長くしていくゲームです。お友だちと楽しむ中で、水の抵抗を感じながらバランスをとってあそぶ練習になります。

 ポイント 鼻をつまんだ状態で口を水面につけて、「ふー」「ぱっ」のリズムで息継ぎを繰り返します。頭までは潜らず目で周りの状況を確認しながら行うと取り組めることが多いです。

41 水に浮くことができない

関わる感覚・機能 視覚 聴覚 **前庭覚** 嗅覚 **皮膚感覚** **深部感覚** 運動企画 運動など 視知覚 言語機能 実行機能

　浮き身はさまざまな泳ぎ方の基本です。浮くためには、水の中に怖がらずに入れることが前提です。また水の中での呼吸をコントロールすることが大切です。

　そして、プールの底から足が離れて体が不安定な状態になっても、順序よく手足や頭の位置を動かす中でバランスを調整して水平に姿勢を保つ力が必要です。また、浮いている状態から、順序よく体を動かして立ち直れることも大切です。

　特に伏せ浮きは、息を吸うために頭から水面に顔を出そうとすると、足がプールの底についていない状況で頭が上がるので、バランスを崩しやすく口や鼻に水が入ってしまい慌ててしまうようすが見られたりします。

ほかの場面のようす

- [ ] 顔を洗うことができますか？
- [ ] 立位や座位で目を閉じてもバランスを保つことができますか？
- [ ] プールサイドにつかまって足をプールの底から離すことができますか？
- [ ] 息を吐いたときに全身の力を抜くことができますか？

　顔を洗うときのように、息を止めたり、吐いたりと呼吸をコントロールする必要があります。水の中に潜ったとき、目を閉じたり、ゴーグルで視界が狭くなったりしても自分の姿勢がどうなっているかを把握して、バランスをとって調整する力が必要です。また、床から足が離れても慌てず、姿勢を整えられる力が必要です。肺に空気をためて潜ると人の体は上半身の方から浮きます。上半身と下半身のバランスを頭や手足の位置で調整します。水に体を委ねて一定の姿勢を保つと、浮くことができます。全身をリラックスさせる力が必要です。

あそびの工夫と感覚を育むアイディア

　救命胴衣やヘルパーを使って、まずは顔を水につけずに浮く体験からスタートします。子どもの状況に合わせて段階的に浮力シートを外して取り組める「浮く水着」も活用しましょう。

　次にプールサイドにつかまり、うつ伏せで足を浮かせてみます。顔を水につけ、少しあごを引くと足が浮いてくるのを感じます。うまくできない場合は、信頼できる大人に手を持ってもらい、そのまま水平に体を引っ張ってもらうと水の流れによって体を浮かせる体験ができます。水に顔をつけることに抵抗がある子どもは、仰向けで背中を支えてもらいます。少しずつ手を離すことを繰り返して、体が浮く感覚を得られるとよいでしょう。

❶ だるま浮き

　息を大きく吸って、体を前に倒し水面に顔をつけ、その後静かに両足を底から離します。そして、ひざを両手で抱える姿勢で浮きます。

　手足の力を抜く余裕が出てきたら、ダラリと手足を伸ばした状態のクラゲ浮きにチャレンジしてみましょう。立ち直るときは、両足を底につけてから順に体を起こして頭を上げます。

❷ 宝探しゲーム

　肩までの深さがあるプールで宝探しゲームをします。プールの底にあるゴルフボールを集めます。水の中に潜ることによって、逆に浮く感覚を身につけます。

 水の中で目をつぶってしまう子どもはゴーグルをつけます。また、水に顔をつけると息苦しくなってしまう場合は、シュノーケルがおすすめです。姿勢のバランスがとれないと溺れる要因となります。大人は子どものすぐそばで緊急時に対応できるようにしましょう。

42 バランスをとれない

関わる感覚・機能: 視覚 | 前庭覚 | 運動など

　転倒して痛い思いをすると乗ることが怖くなってしまうことがあるので、まずは両足が地面についた状況で姿勢を保つことが重要です。

　自転車の動きだしはハンドルがグラグラするので安定した位置に保つ力や、ペダルのこぎ始めは左右に加わる力がそれぞれ異なるので、それに対応できるバランス感覚が必要です。ある程度スピードが出てからはスピードに対応する力も必要です。

　自転車に慣れないうちは手元ばかりを見て、余分な力が入ってふらつきやすくなるので、前方を見てバランスをとれるようにします。まっすぐ乗れるようになったら、曲がりたい方向に体を移動させてバランスをとります。

ほかの場面のようす

- [ ] 片足立ちはできますか？
- [ ] ブランコやトランポリンを楽しめますか？
- [ ] 車の乗用玩具に乗れますか？
- [ ] 補助輪つき自転車でスピードを出すことができますか？

　日常姿勢でもふらつきが見られたり、姿勢を持続できない場合は、自転車に乗ることはむずかしい段階です。片足立ちや、ブランコやすべり台でバランスやスピードを楽しめる力が必要です。車の乗用玩具や三輪車にまたがり、両足で地面をけって移動することが自転車に乗るためのバランスの基礎になります。自転車の補助輪を外して乗るためには、補助輪つきで自転車を乗りこなす必要があります。そして、子ども自身が補助輪を外したいと思う気持ちが大切です。

あそびの工夫と感覚を育むアイディア

　安定する乗用玩具にまたがりバランスをとってスピードを感じることや、道具をコントロールする有能感を得てみましょう。自ら自転車に乗りたいという気持ちを高めます。

　実際に乗るときは、自転車のペダルを外し両足で地面をけってバランス感覚を育てます。足元を見ているとよろけてしまうので、前を見るように促します。少し離れたところから声をかけるか、前方で目印になるものに注目させます。スピードに乗ったら少し足を宙に浮かします。これを繰り返す中で、足でブレーキをかけることを学習します。スピードに乗れない場合は緩やかな斜面で練習してみるとよいでしょう。

❶ ランニングバイク

　ランニングバイクは自転車より小さくて軽いので、扱いやすい特徴をもっています。まずはまたがって歩きます。慣れてきたらサドルに座り、少しずつ足を地面から離していきます。スピードが出てくるとバランスがとりやすくなるので、両足を浮かせるようになります。

❷ エクササイズボール

　エクササイズボールの上に座り姿勢を保持します。座った姿勢が保てたら、片足を浮かせてみたり、両足を浮かせてみたりとチャレンジしてみましょう。両足を浮かせる場合は、転倒しないように、床からほんの少し浮かせる程度にしましょう。

ポイント　サドルに座って両足が地面についた状態で少しひざが曲がっているくらいが、その子にとって丁度いい高さです。初めはスピードの調節がむずかしいので、大人がサポートして調整しましょう。手でブレーキをかけることも同時に教えていくとよいでしょう。練習からヘルメットや手袋、長袖、長ズボンで練習するとよいでしょう。

43 ペダルをこげない

| 関わる感覚・機能 | 視覚 | 聴覚 | 前庭覚 | 嗅覚 | 皮膚感覚 | **深部感覚** | **運動企画** | **運動など** | 視知覚 | 言語機能 | 実行機能 |

自転車のペダルをこぐ前段階として、バランスよくサドルに座る必要があります。ブレーキ、ハンドル操作がある程度できるようになってからペダルこぎに挑戦します。それまでは補助輪をつけた状態で、ペダルをこぐ感覚を身につけましょう。

ペダルをこぐには、踏み込む向きや力の入れ方を知る必要があります。また、両足の協調運動や姿勢のバランスが保てることが大切です。ペダルを踏み込む力の向きがわからないと、抵抗が軽い逆向きに回してしまったり、前に1周回すことができず、半回転を繰り返してしまう子どももいます。中にはペダルに足を合わせられず足が離れてしまうこともあります。

ほかの場面でのようす

- ☐ 片足立ちができますか？
- ☐ スキップができますか？
- ☐ 階段を1段ずつ左右交互にのぼれますか？
- ☐ リズムよく足踏みできますか？

　サドルにうまく座るためには片足立ちができるように、バランスよく姿勢を保つことが大切です。また、ペダルをこぐとき、踏み込む足の向きや力をコントロールする必要があります。スキップや階段を1段ずつ左右交互にのぼる際も姿勢を保ちながら両足を協調させ、足の向きや力をコントロールしています。ペダルを踏み出す位置によっては、体の動きが自転車に伝わらないことがあります。右足でペダルを踏み込む場合は、ペダルを横から見て2時の位置から踏み込みます。その後リズムよく交互に足を動かしていくとペダルがこげます。自転車のペダルよりも三輪車の方がこぎづらいです。

1 体を大きく使った感覚・運動あそび

あそびの工夫と感覚を育むアイディア

両足スタンドを立て、両足こぎの練習をします。両足スタンドをロックした状態で、水たまりに後輪をつけてペダルをこぐと、水が激しく後ろに飛ぶので、水がどこまで飛ぶかを競ってあそぶのもよいでしょう。ペダルをこぐときは足元を見るのではなく、前方を見るように促しましょう。

こぐ感覚がつかめてきたら、右足はペダルに乗せて、左足だけで地面をけって進んでみましょう。足の前方がペダルに乗るようにすると、こぎやすくなります。

右足をぐっと踏み込むと同時に左足は地面をけりましょう。右足は下まで力強く踏み込みます。ペダルが下にきたら、左足を乗せて今度は左足を踏み込みます。

❶ キックボード

キックボードは自転車のこぎ出しの動きによく似ています。片足をペダルに乗せて、反対の足で地面をけって勢いをつける練習になります。

❷ 缶ぽっくり

缶ぽっくりでうまく前進するためには、缶についているひもを手で引っ張り、缶が足の裏にくっつく状態を保つ必要があります。自転車のペダルが下から上に上がってくる動きに足を合わせられず、足を乗せ続けることがむずかしいことがあります。缶ぽっくりのあそびを通して、足をペダルに乗せ続ける感覚を養うことができます。

ポイント スピードが出すぎたり、転倒しそうになったりしたら必ずブレーキをかけるようにして、自転車を止めて両足で支えられるようにしましょう。練習を始めた段階では転倒する危険があるので、平らな土の上で練習します。芝生の上は柔らかすぎてハンドル操作がうまくできないことがあります。

44 ハンドル操作ができず まっすぐ進めない

関わる感覚・機能：   **前庭覚**   **深部感覚** **運動企画** **運動など**

　自転車をこぐためには、足でペダルをこぎながら、体でバランスをとり、目で周りの状況を確認して、手でハンドルを操作するといった、2つ以上の動作を同時に行う必要があります。

　スピードが遅いときはとくにバランスを求められるためにハンドルをまっすぐ保てるように操作しなければなりません。

　ハンドル操作はわざわざ手元を目で確認しなくても左右の手を協調させてコントロールする必要があります。また、スピードが出ている状態で曲がるときは曲がりたい方向に体重移動をして自転車を小さく傾けます。このため、バランス感覚が重要になります。

ほかの場面でのようす

- [ ] ブランコやすべり台を楽しめますか？
- [ ] おぼんを使ってものを運べますか？
- [ ] 両手で大きな荷物を持つことができますか？
- [ ] 自転車に乗らずに自転車を押して動かすことができますか？

　ハンドル操作が安定するには、ある程度スピードが出ている必要があります。ブランコやすべり台でスピードを怖がらずに楽しめることが大切です。

　また、両手でおぼんを持ったり大きな荷物を運んだりするように、左右の手をバランスよく協調させ、2つ以上の動作を同時に行う力が必要です。自転車をまっすぐ進めるために、自転車に乗らない状態で押し歩きができることも大切です。

あそびの工夫と感覚を育むアイディア

左右の手の力加減に差があったり、ペダルをこぐ際に、手にも力が入ってしまう子どもは棒やタオルを使って体操をするとよいでしょう。新聞で作った肩幅くらいの棒の端をそれぞれ左右の手で持ち、頭の上に手を伸ばしたり、前に倒れたりしてストレッチをします。タオルを用いることにより一定の幅で操作する動きを意識できます。

また、荷物を運ぶ台車を押して、左右のコントロールをする感覚を身につけるのもよいでしょう。運搬用の一輪車を使うと、よりバランス感覚が求められ、高度な左右の協調運動を促すことができます。前方を見ながらコントロールできるようになるとよいでしょう。

❶ スケートボード

スケートボードにまたがって座ります。そして両足をボードに乗せた状態で、後ろから大人が押します。自転車と同様に曲がりたい方向に体重をかけると曲がるようになっているので、曲がるときのバランスの練習になります。

❷ ショッピングカート

お買いもののときにショッピングカートを押してお手伝いをしましょう。両手でカートを押す中で、まっすぐ進む感覚が養われます。

ポイント ハンドルの形

T字型	手をそのままの自然な状態で握ることができるが、前傾姿勢になりやすい。ひじが伸びやすいので、ハンドルがグラグラしてしまう子どもは、ひじのあそびが少ないので、逆に安定しやすい。
M字型	姿勢が起きた状態になるのでバランスを保ちやすい。ひじが曲がり、動きに余裕が出てくるので、小回りがきくが、逆にグラグラしてハンドル操作が安定しない場合は向いていない。

45 ブレーキをかけられない

関わる感覚・機能： 視覚 聴覚 前庭覚 嗅覚 **皮膚感覚** **深部感覚** 運動企画 **運動など** 視知覚 言語機能 実行機能

　無理に足で止めようとすると転倒やけがの原因になるので、ブレーキで自転車を止める練習が必要です。

　ブレーキをタイミングよくかけるには、自転車のスピードを把握して、かつ周りの状況を確認して危険予測ができることが大切です。

　ブレーキには手の力の調整が必要です。まずは、ブレーキレバーまで指が十分に届いているかを確認します。握力が弱くてうまく握れない場合があります。

　また、初めのうちはブレーキを強く握って急ブレーキになってしまうこともあります。徐々に軽く握って減速することを学習していきます。

ほかの場面でのようす

☐ 人混みでも人にぶつからず、よけたり止まったりできますか？
☐ グーパーができますか？
☐ 鉄棒にぶら下がれますか？
☐ すべり台の斜面をゆっくりすべることができますか？

　ブレーキをかける前に、周りの状況を把握したり、危険予測できたりする力が必要です。日常生活でも歩いていて危険なものをよけたり、その前で止まったりできる力が必要です。また、キャッチボールのように、人と人との距離感がつかめているかも大切なポイントです。
　ブレーキは両手の協調運動や握る強さを調整する力が必要です。基本は両手で同時に握ります。スピードが出ているときに右のブレーキだけをかけると、急停止して勢いよく前に倒れるので危険です。逆に左のブレーキだけをかけるとスリップしてしまいます。

あそびの工夫と感覚を育むアイディア

　自転車の両足スタンドを立てた状態でサドルにまたがり、ブレーキがどんな動きをするのかを確かめてみましょう。これによりブレーキレバーがどんな働きをするのかがわかり、ブレーキをかけるイメージがつかめます。それができたら、実際に自転車に乗ってブレーキをかける練習をしていきます。

　初めは大人が支えて自転車のバランスを保つ中でゆっくり進み、ブレーキをかけます。

　慣れないうちは手元を見てしまって、バランスを崩しやすくなるので、ブレーキをかける位置に目印となるものを置いて、前方を見ながらブレーキをかけるように促します。

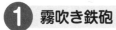 1　霧吹き鉄砲

　お風呂や水あそびで霧吹きを使ってあそびましょう。霧吹きの絞りを調節して水鉄砲のようにしてあそぶのもよいでしょう。

2　棒キャッチ

　ラップの芯や削っていない鉛筆のように棒状のものを用意します。大人がその棒の上をつまんで支え、子どもはその棒の下の方で棒を受け取る準備をします。そして、大人が手を離した瞬間に子どもが反応して棒を握り受け止めるあそびを行います。これにより、注意力や瞬発力を高める練習ができます。棒の長さや太さを変えることで、難易度も変えることができます。

 必ずヘルメットやプロテクターを装着して練習をしましょう。ぶつからないように、周囲に人がいない広くて安全な場所で取り組むとよいでしょう。ブレーキレバーに指が十分届いていない場合は、アジャストボルトを調節してハンドルとレバーの距離を調節します。

コラム　自尊感情の育て方

【自己有用感を育む働きかけ】

　Self Esteem の訳語で、自己肯定感や自己効力感と同じ意味で使われており、自分自身を肯定的に捉えている状態のことをいいます。自尊感情と合わせて自己有用感も高めることが必要です。自己有用感とは人に役立ったとか喜んでもらえたといった感覚です。
　この自己有用感に裏づけられた自尊感情の発達が大切になります。いくら運動や学習ができたとしても、だれにもほめられず認められなければこの「自己有用感に裏付けられた自尊感情」がうまく育たずその力を学校や社会の中で発揮することがむずかしくなってしまいます。たとえ運動や学習がうまくいかなくとも自尊感情がうまく発達できている子どもは、学校や社会への適応がスムーズにいきます。

【自尊感情を高めるには】

　自分を肯定的に捉え、自信を持って成長するには、様々な活動に失敗を恐れずに自ら挑戦し、たとえ失敗したとしても成功に結びつける材料にしていけるようになることが望まれます。そのためには、子どもが何か取り組む際に、先回りばかりして声かけや手をかけるような過保護や過干渉な状態では、子どもの成功体験の機会が減り、自尊感情が育ちにくい状態であることがわかります。

【日常生活での取り組み】

　食事を食べる際に汚されるのが嫌だからといって、親が食べさせるのではなく、床に新聞紙を敷くなどこぼされてもよい状況を作り、子どもに合った食器を利用して無理のない範囲で、自分で食べさせてみましょう。着替えも同様に子どもが頑張ってやろうとしているときはうまくできなくともしばらく見守ってあげます。うまくできない所は親がやってしまうのではなく、手を支えてやり方を一緒に教えていくことで、達成感を得られやすくなります。
　子どもが無理なく行えるお手伝いもさせてみましょう。例えば食事の前に食器を運ぶお手伝いをした際に、床に落としてしまったとしても、手伝いをしようとしたこと自体を認めてあげることがポイントです。子どもに役割が与えられ、それを行ったことに対してほめられ認められることにより、自尊感情は育っていきます。

コラム　ボディイメージ

【自分の体をどのように認識するか】

　ボディイメージとは人が体に対して、意識的に捉えるイメージのことをいいます。「身体イメージ」という言い方もあります。似た言葉に「身体図式」「ボディシェーマ（ボディスキーマ）」などもありますが、こちらは無意識的に捉えるイメージのことをいいます。

　人は意識的あるいは無意識的に、自分の体に対する手足の位置や体の向きや傾きを認識することで、運動や活動を上手に行うことができます。これらのイメージが崩れると運動をする手足の動きや体の傾き、運動する方向を決めるときに非常に大きく影響を与えてしまいます。

【ボディイメージの発達のしかた】

　ボディイメージは、幼少期の運動経験によって得られる感覚を受け入れることや、運動した結果を確かめることなどによって発達していきます。

　例えば、手を伸ばして届く範囲がわかると、自分の手の長さを知ることができます。どのように動かせば目標物に触れることができるかも理解できます。水に触れることで指先を意識したり、砂場であそぶことでそれぞれ指の間に感じる砂の感触によって指の広がりを知ることもできます。

　ボディイメージの認識が高まると、手元を見ないでも胸元のボタンを留めることができるようになったり、背中の異物がどのへんにあり、どちらの手ならとることができるかがわかるようになります。

　また、日頃からよく体をぶつけてしまったり、何もないところでもつまずくことがある人でも、前転や倒立ができる人がいます。この場合、どこに手を置いて、どのようにすれば運動ができるかを知ることで、意識的に行うことができていると考えられます。日常の多くの動作は無意識で行われることが多いため、意識した動きはできても、つまずいたりぶつかったりするのです。

【ボディイメージが弱い子ども】

　感覚を受け入れることが苦手な子どもは、正しいボディイメージを認識できていない可能性があります。

　例えば、自分から見えない背中には気づきにくかったり、ボールを投げるときに上から振りかぶることができなかったりします。手の関節や皮膚から感じる刺激に気づきにくければ、手を動かす感覚にも意識が向かずに、その結果たくさん動かしてもボディイメージを持つことができないかもしれません。

　運動が不器用な背景には、運動の機能だけではなくボディイメージの崩れもあるかも

しれません。ボディイメージの発達には、正しく感覚を受け入れることが何より重要です。手の感覚、足の感覚だけではなく、見ること、聴くことなど結果を認識するための感覚も大切です。

　そのために、スキンシップを通して体に触れられる経験や、自分でたくさんのものに触れること、体を動かすことに気づくことが大切になります。

　次にいろいろな活動を通して、様々な体の動きやそれに伴う感覚の変化をたくさん経験することです。全身での運動や公園の遊具あそびなどが役に立つでしょう。

2 指先を使った感覚・運動あそび

指先を使った細かな動作を巧緻動作といいます。脳の発達に大きく影響し、子どもの知能を高めると言われています。
はさみ、のりなどといった基本動作から、鍵盤ハーモニカまで8つのあそびをとりあげました。
つまずきの場面に合わせて、子どものようすをみるポイントを解説し、感覚と機能をはぐくむあそびをそれぞれ紹介します。

46 触るのを嫌がる

関わる感覚・機能：視覚／聴覚／前庭覚／**嗅覚**／**皮膚感覚**／**深部感覚**／運動企画／運動など／視知覚／言語機能／実行機能

　ねんどを触ると、ひんやり、しっとり、ペタペタ、ぐにゃぐにゃと、日頃なかなか感じられない触り心地がします。ねんどは柔らかいので強く握ると指の間からはみ出たり、指先でつつくと爪の間に挟まったり、予想していなかった触り心地がすることがあります。

　油、小麦粉、米粉などから作られているねんどは独特な匂いがするものもあり、手に匂いがつくことがあります。触り心地や匂いの苦手さは、ねんどあそびが嫌い、ねんどが触れない要因にもなります。

ほかの場面でのようす

- [ ] 手が汚れるあそび（砂あそび、のり）はできますか？
- [ ] タオルやハンカチで手を拭くことはできますか？
- [ ] 鉄棒やジャングルジムにつかまることはできますか？
- [ ] 匂いを気にせずにあそべますか？

　触り心地に苦手さのある子どもは、手が汚れることを嫌がって泥あそび、工作ののり、テープやシールのべたつきも嫌がることがあります。また手袋のつけ心地や、タオルで手を拭くこと、鉄棒などの金属の冷たさを嫌がることもあります。

　苦手な感触があると、ものを上手に触れないため手先が不器用そうに見えたり、恐る恐る触るので道具がしっかり持てず、持ち方や動かし方がぎこちなくなります。苦手な匂いがある子どもは、匂いに敏感になって、少しでも苦手な匂いだと感じると触れなくなることがあります。

あそびの工夫と感覚を育むアイディア

　触り心地が苦手な子どもには、ねんどの硬さや乾き具合を調整して、触りやすくする工夫をしてみましょう。

　油ねんどはひんやり、ペタペタして柔らかい、小麦粉ねんどは乾くと硬くなってパラパラになる、米粉ねんどはもちもち柔らかくよく伸びる、片栗粉ねんどはねちゃねちゃ手にくっつくなど、種類によって特徴があります。それぞれの素材の感触をよく知って子どもに与える配慮が大切です。

　好きな色のねんどを使って、触りたい気持ちを引き出しましょう。

1 触ってあそぼう

　ねんどのように予測できない触感があるものではなく、様々な種類の布やビーズなどの形の変わらないものを選びます。いろいろな感触を経験し、手への触覚刺激を楽しめるようにしましょう。

2 どこで触れるかな？

　ねんどの触感が苦手な子どもは、手の甲にのせたり、握りこぶしで叩いたり、指先でちぎったり、受け入れやすい触り方を工夫することで、少しずつねんどに慣れていきましょう。

　手袋をつけて触ってみたり、道具を使って触ってみたり、いろいろな方法をためしてみましょう。

 匂いのないねんども、何度も繰り返し使っていると手の汗や汚れがついて嫌な匂いになるので、汚れ具合を確認しましょう。また小麦粉ねんど、米粉ねんどなど食品を使ったねんどはカビが生えやすいので、保管方法と誤飲に気をつけましょう。

47 形を作るのが苦手

関わる感覚・機能

ねんどはいろいろな形を作ることができ、形を想像したり立体的に捉える力を身につけることができるあそびです。上手に形を作れない子どもは、手の力加減や動かし方がわからないのかもしれません。

お手本があっても上手に作れない子どもは、お手本の細かい部分だけ見て全体を捉えられていなかったり、奥行きや高さ、大きさなど形を立体的に捉える力が弱い可能性もあります。

また、形を捉えることができても、どういう手段で作っていけばよいのかわからないのかもしれません。

ほかの場面でのようす

- [ ] 小さいものをつまむことはできますか？
- [ ] クレヨンや鉛筆の芯を折らずにお絵描きできますか？
- [ ] つみきやぬりえ、パズルはできますか？
- [ ] お片づけができますか？

手の動かし方がわからないと、道具の操作がぎこちなくなります。また力を加減するのが苦手な子どもは、鉛筆を紙に強く押しつけてしまうので芯がすぐ折れてしまったり、つみきをそっと積むことが苦手です。

形を捉える力が弱いと、ぬりえでどことどこが同じ色なのか、パズルでどこの部分なのかがわからなかったりします。奥行きや大きさを捉える力が弱いと、箱の中におもちゃをしまえなかったり、ものを探し出せないといった様子が見られます。

あそびの工夫と感覚を育むアイディア

　手の動かし方や力加減がわからない子どもは、つみきや消しゴムなどの硬いものを使って両手で丸める動きの練習をしてみましょう。

　また大人が丸めたねんどをつぶさないように仕上げをしてもらったり、子どもの手の上から大人が手で押してあげて、ねんどを伸ばしたり、こねたり、まとめたりしてみましょう。

　形を捉える力が弱い子どもは、いろいろな形のつみきにねんどをくっつけて形を作ったり、自由に形を作ってもらい「どんな形？」「ここはどうなっている？」「どっちが大きい？」と、作った形に注目して確認することで形を捉える力を身につけられるようにしましょう。

❶ 形をまねっこ

　大人作った形を手でまねして作ったり、同じ形を探したりすることで形を捉える力を育てましょう。立体的な形を作るのがむずかしいときは、型抜きを使って、大人と同じ形を作ってみましょう。

　大人が作っている様子を見せることで、手順を学ぶこともできます。

❷ 宝探しゲーム

　様々な形のねんどの中にビー玉やおもちゃなどを隠します。大人が「三角の中だよ」と声をかけて、三角形のねんどの中からビー玉を取り出させます。また大人と役割交代して、形を作ったり、ねんどの中にビー玉を隠してもらいましょう。子どもはビー玉を見つけようと形に注目したり、上手に隠そうと手の力加減や動かし方を工夫するようになります。

「三角の中だよ」

 ポイント　小さい子どもはお手本を見ながら作ることがむずかしく、お手本と同じようにできないとねんどあそびが嫌いになってしまうことがあります。お手本を子どもが作りやすい大きさ、簡単な形にしてあげたり、形の特徴を捉えられるように、指差ししながら注目する場所や、手順を教えましょう。

48 道具がうまく使えない（のばし棒、型抜き）

| 関わる感覚・機能 | 視覚 | 聴覚 | 前庭覚 | 嗅覚 | 皮膚感覚 | 深部感覚 | 運動企画 | 運動など | 視知覚 | 言語機能 | 実行機能 |

ねんどはのばし棒でのばしたり、型抜きをしたり、糸で切ったりと、両手の動作や道具の操作を楽しく練習できるあそびです。

手の運動をイメージする力が弱く、手の動かし方がわからなかったり、形を作る手順がわからなかったり、右手と左手の役割分担（押さえる手、動かす手）ができていないと、道具の使い方がぎこちなくなります。

また握力やつまむ力など手の力が弱いと、道具をしっかり握ったり動かしたりすることがむずかしいでしょう。

ほかの場面でのようす

- ☐ 指折り数えはスムーズにできますか？
- ☐ タオル絞りはできますか？
- ☐ 利き手は決まっていますか？
- ☐ 洋服を自分でたためますか？

　手の運動をイメージする力が弱いと、ボタンやファスナー、お箸などの手先の細かい活動もむずかしくなります。また1本1本の指をばらばらに動かせなかったり、親指と他の指を1本ずつつけられなかったりします。手の力が弱いと、タオルをしっかり絞れなかったり、小さいものをつまめずに落としてしまいます。また利き手が決まっていないと、道具をしっかりと押さえられないことや、操作がぎこちなくなることがあります。手順を考えることが苦手だと、洋服をたためない、お片づけができないことがあります。

あそびの工夫と感覚を育むアイディア

　手の運動をイメージする力を身につけるために、たくさん手を使ったあそびをしてみましょう。道具を使わずにねんどをこねたり丸めたりするあそびや、砂あそび、水あそびは、手や指にたくさんの触覚刺激が入るので、手の運動のイメージが育ちます。

　ほかにもボタン留めやひも結びなど生活の中でも指先を細かく使う活動はたくさんありますので、子どもにも操作しやすい素材や大きさを選んで、自分で取り組めるようにしてあげましょう。

　手の力をつけるには、腕や肩の力や、姿勢をしっかり保つ力をつけることが大切です。

❶ ねんどのばし競争

　ラップの芯やマジックペンなど身の回りのものでねんどをのばしてみましょう。ラップの芯は太くて大きいので小さい子どもでもねんどをたくさんのばすことができて、大人と一緒に競争を楽しめます。ねんどを少しのばしてあげておくと、楽しく始められます。

❷ どうやって使おうかな？

　のばし棒にねんどを巻きつけたり、クッキーの型にねんどをつめたり、あそび方はたくさんあります。子どものやりやすい方法で道具を使ってあそぶことで、道具の持ち方や動かし方を身につけることができます。

ポイント　100円ショップにある調理道具もねんどあそびに活用できます。道具を使ってねんどあそびをするときは、大人が手を添えて一緒に道具を操作して、手の動かし方や力加減、手順を教えてあげましょう。

49 はめるところがわからない

関わる感覚・機能

　パズルは、ピース1つひとつの形や色をしっかり見る力、形や色から絵を想像する力、パズルのあちこちを見てはめる場所を探す力やピースをはめる手順を考える力などの力を伸ばすことができるあそびです。

　これらに苦手さがあると、どこにパズルをはめたらよいかわからなくなってしまうことがあります。

　その子の力の発達に適した難易度のパズルを選んだり、大人が手助けすることで楽しくあそべます。

ほかの場面でのようす

- ☐ ぬりえはできますか？
- ☐ 連想ゲームはできますか？（例：赤くて、丸くて食べられるものなんだ？）
- ☐ 探しものを見つけられますか？
- ☐ 洋服を自分でたためますか？

　ぬりえでイラストの顔や洋服、背景を見分ける力があると、パズルのピースでもどこの部分かを想像できます。間違い探しでイラストの特徴を覚えておき比較する力も必要です。

　言葉で考える力があると、ピースの特徴を見て「赤いからりんごかな？」と、筋道を立てて分類できます。パズルを楽しむためには、パズル全体を見たり、角からはめるなど手順を考えなければなりません。この力が弱いと、間違い探しや探しものをするときいろいろな場所に目を向けられず見つけられなかったり、洋服がたためない、効率よくお片づけができないようすが見られます。

あそびの工夫と感覚を育むアイディア

ねんどやつみきで形を作ったり、かるたやぬりえでイラストをよく見たり、いろいろなあそびの中で形を見る力を伸ばしましょう。またパズルのピースを広げてかるたのようにあそんでみましょう。「赤いピースを2つ探してね」「まっすぐな線のあるピースを探してね」など、ピースの色や形に注目する力を育てます。

見たものを分類する力は、おままごとでいろいろな道具を使ったり、運動あそびでボールやラケットなどを使ったり、ものの形や色を覚え、頭の中で見比べることで鍛えられます。あそびの中で「丸い形だね」「ここに穴があいているね」「これとこれは似た形だね」など、形の特徴を言葉にして教えましょう。

❶ パズルを作ってみよう！

好きなイラストを描いて厚紙に貼り、オリジナルのパズルを作ってみましょう。自分で描いたイラストはパーツに分けてもイメージしやすく、お子さんの力に合わせて段階を調整できます。ピースに分けるときは、まずは真ん中を直線で2つに分けます。できるようになってきたら、さらに細かく分けたり、直線ではなく曲線で分けるように段階をづけてみましょう。

❷ パズルでかるた

ピースを広げて、「赤いピースを2つ探してね」とかるたあそびのようにピースを探します。見つけたピースを大人が組み合わせてはめて見せ、ピースをくっつける方法と手順を教えます。「まっすぐな線のあるピースを探してね」と形でピースを探します。まっすぐな線のあるピースを集めて、パズルの枠からはめてみましょう。

 ポイント イラストの分け方が大きくピースの数も少ないパズルで繰り返し練習してみましょう。大人が実際にやって見せて手順を教えてあげたり、最後の1ピースだけをはめて完成するところから始めるとよいでしょう。またピースを大人がまとまりにして分けてあげたり（同じイラストや同じ色）、ヒントを出しながら一緒に楽しんでみましょう。

50 入れる場所はわかるが向きを合わせられない

関わる感覚・機能:

　ピースをはめるときは、ピースの向きをくるくる回してどうやったらはめられるか考えます。手先が不器用だとピースをつまんでくるくる動かすのがむずかしくなったり、指先でピースをつまめず、手のひら全体で握ってしまうとピースの色や形が見づらくなり、正しい向きに合わせられないことがあります。

　またピースをはめる場所がわかっていても、力のコントロールが上手にできないと、勢いよく手を動かしたり、力強くピースをはめようとして、周りのピースを崩してしまうことがあります。

ほかの場面でのようす

- [ ] お箸や鉛筆を上手に使えますか？
- [ ] お菓子の包み紙を指でつまんで開けられますか？
- [ ] つみきをつみ重ねることはできますか？
- [ ] クレヨンや鉛筆の芯を折らずにお絵描きできますか？

　手先が不器用だと、道具を上手に操作できなかったり、ビーズなどの小さいものやシールなどの薄いもので上手にあそべないことがあります。つみきあそびは、手先で自由につみきをつかんだり離したり、力をコントロールできると、上手につみ上げることができます。

　指先や腕の力をコントロールできないと、クレヨンを強く握りすぎて折ってしまったり、鉛筆を紙に強く押しつけすぎて芯を折ってしまうことがあります。

あそびの工夫と感覚を育むアイディア

小さいものをつまめるようになるためには、ねんどや砂あそびのように手全体を使うあそびや、手の運動の土台となる体を使うあそびも大切です。

指先を細かく動かす動作は、ビーズであそぶだけでなく、日常生活の中でもボタンやファスナーの操作、お菓子の包みを開けたり、小さいお菓子を手で食べることでも練習できます。

またつみきやブロックあそびは指先や腕の力をコントロールする練習になります。トランプのババ抜きなどのカードあそびも、カードを折り曲げないように、落とさないように、相手がトランプを引きやすいように指先の力をコントロールする練習になります。

❶ 型はめブロックできるかな？

指先でつまむことがまだむずかしいときは、型はめブロックから始めましょう。穴の形に合わせてブロックをくるくる回したり、穴にそっとブロックを入れたり、指先と腕の動かし方を学ぶことができます。○△☆といった左右対称で裏表がない形から、回転させたり、裏表をひっくり返してはめる形へ段階をつけてあそびます。

❷ 磁石ブロックでぴったんこ

市販されている磁石ブロック（マグ・フォーマー®やマグブロック®、183ページ）は、シンプルな形なので特徴を捉えやすく、ブロックの辺と辺が磁石でくっつくようになっているので、ブロックの向きをくるくる変えながらいろいろな作品を作ってみましょう。また薄くて小さいブロックは指先でつまんで操作する練習になります。

 ポイント 手先で上手に操作できないときは、持ち手のついたブロックで練習したり、大きくて厚みのあるパズルを選びます。

51 お手本通りに作れない

関わる感覚・機能：視覚 / 深部感覚 / 運動企画 / 運動など / 視知覚 / 言語 / 実行機能

　実物のお手本を見てつみき（ブロック）を作るときは、お手本がどのつみきを組み合わせているのかパーツに分けて考える力、たくさんあるつみきの中から必要なパーツを見つけるために注意をあちこちに向けたり、どういう手順で積み上げればよいか手順を考える力が働きます。

　お手本通りにできない子どもは、どのつみき（ブロック）を組み合わせたらよいのかがわからない、つみき（ブロック）の大きい小さい、長い短いがわからない、奥行や後ろ側など見えない部分がどうなっているかわからない、手順がわからない可能性もあります。

ほかの場面のようす

- [ ] お片づけができますか？
- [ ] 『ウォーリーをさがせ！』や『ミッケ！』はできますか？
- [ ] 大きい小さい、長い短い、太い細い（形の概念）はわかりますか？
- [ ] ジャングルジムでいろいろなあそび方ができますか？

　探しものやかるた、『ウォーリーをさがせ！』（フレーベル館）、『ミッケ！』（小学館）のようなあそび（183ページ）は、注意をあちこちに向けられると楽しくあそべますし、つみきあそびでもお手本と同じパーツを探すことができます。

　つみきは同じ形でも大きさや高さが異なり、お手本と同じパーツを探すには大きさや長さを比べられる力が大切です。お手本の中で見えない部分や裏側がどうなっているかを考えるには、形を立体的に捉えなければいけません。立体的な見方は、のぼったり、くぐったり、またいだりできるジャングルジムのような奥行きのある遊具で体を動かしながら身につけることができます。

あそびの工夫と感覚を育むアイディア

あちこちに注意を向けたり、見方をあれこれ変えながら楽しめるあそびをしてみましょう。

ねんどや砂あそびで自由に形を作ったり、さかさま絵本やとびだす絵本などで見方の変化を楽しんでみましょう。

生活の中ではお片づけや洋服をたたんだり、お皿を洗うなどのお手伝いで、大人がやり方を見せてあげながら、手順を考える力を育ててみましょう。

1 公園宝探し

ジャングルジムやすべり台を使って宝探しをしてみましょう。

お宝を探すためにのぼったりくぐったり立体的な空間で体を動かしたり、もののかげや裏側など、目に見えない場所にも注意を向けて考えられるようになります。

2 形当てクイズ

同じ形で大きさや太さの違うつみき（ブロック）で、「大きい方はどっち？」「細い方はどっち？」とクイズを出します。

絵本やぬいぐるみを使っても、「大きいおにぎりはどっち？」「背の高い動物はどっち？」など形や大小の概念を楽しく学べます。

ポイント 使うつみき（ブロック）の数を少なくして、お手本をわかりやすくしたり、お手本と同じつみき（ブロック）だけを用意して、パーツを探す負担を減らしてあげると楽しくあそぶことができます。

52 見本がないと作れない

関わる感覚・機能｜視覚｜聴覚｜前庭覚｜嗅覚｜皮膚感覚｜深部感覚｜運動企画｜運動など｜視知覚｜言語機能｜実行機能

つみき（ブロック）はたくさんのパーツを組み合わせて自由な発想でいろいろな形を作ることができます。つみき（ブロック）を高く積み上げたり横に並べたりするあそびは、簡単なルールなので自由にアイディアを思いつくことが苦手な子どもでも楽しめます。

しかし、つみき（ブロック）を組み立てて家や動物などに見立てるあそびになるとむずかしいと感じることがあります。

また見たものを覚えていることが苦手な子どもは、家や動物がどんな形だったか思い出せず、つみき（ブロック）で表現するのがむずかしいようです。

ほかの場面のようす

- ☐ おままごとやごっこあそびはできますか？
- ☐ ものの名前を聞いて、どんなものか説明することはできますか？
- ☐ お絵かきはできますか？
- ☐ 連想ゲームはできますか？（例：赤くて、丸くて食べられるものなんだ？）

　おままごとやごっこあそびは、ものや人を何かに見立てるあそび（象徴あそび）です。象徴あそびは、今まであそびや生活の中で経験したことを思い出し、ものを使い表現する力が必要です。
　この象徴化する力は、「実際のものとイラストと文字が同じものを表す」という、文字学習の基礎となるとても大切な力です。お絵かきも象徴化する力を育てるのにとても大切なあそびですし、つみき（ブロック）は色や形が実際のものと異なるパーツを使って立体的に表現するときに、象徴化する力が必要になります。

あそびの工夫と感覚を育むアイディア

いろいろな象徴あそびで、見立てる力や表現する力を育てましょう。おままごとや戦いごっこでいろいろな役になりきったり、大人を馬に見立てて背中にまたがってみたり、椅子を船に見立てて乗ってみるなど、家の中にあるいろいろなものを見立てて使うのもよいです。

連想ゲームやイラスト当てゲームなど頭の中で想像したり考えたりするあそびも、頭の中で言葉で考える力を育てられるので、つみき（ブロック）で見立てたり、表現する手順を考える練習になります。

❶ つみきでおままごと

つみき（ブロック）を組み合わせて表現することが苦手な子どもは、まずは色や形などの共通点からつみき１つ１つを見立ててあそんでみましょう。丸いつみきはリンゴ、黄色いブロックはバナナ、大きな四角いつみきはテーブルなど、子どもがよく知っているものを選びます。

❷ つみき組み合わせクイズ

「四角いつみきの上に三角のつみきをのせて。これなんだ？」など、つみき（ブロック）の組み合わせ方を言葉で伝えてクイズゲームをしてみましょう。つみき（ブロック）の組み合わせ方と見立てたものが結びつけられるようになることで、つみき（ブロック）で表現することができるようになります。

 いろいろな色のついたつみき（ブロック）は、色からイメージをふくらませたりアイディアを思いつくこともありますので、子どものイメージしやすい色や形のつみき（ブロック）を用意してみましょう。

53 手でつかむ、くっつける、のせるなどができない

関わる感覚・機能

　つみき（ブロック）を並べたり重ねたりするためには、つみきをスムーズにつかんだり離したりすることや、力をコントロールしてそっと動かすことが求められます。

　また、置きたい場所に注意を向けながら、他の場所に手をぶつけて倒さないように気をつけるなど、注意を同時にあちこちに向けなければいけません。

　手先や腕の運動が苦手だと、手を動かすことと置きたい場所だけに注意が集中してしまい、他の場所のつみきを崩してしまうこともあります。

ほかの場面でのようす

- [ ] 手押し車はできますか？
- [ ] クレヨンや鉛筆の芯を折らずにお絵描きできますか？
- [ ] ペットボトルのふたを開けられますか？
- [ ] 人やものにぶつからずに歩けますか？

　手先や腕の運動の土台となる肩の力や、姿勢をしっかり保てる力が大切です。つみき（ブロック）は、机の上にひじや手をつかないで空中で腕を動かしますので肩の力が弱いとスムーズに動かせません。また手先を細かく動かせないと、つみきをそっと離したり置いたりできないだけでなく、ブロックをしっかりはめる力も必要です。

　注意を同時にあちこちに向けることができないと、歩いているときに人やものにぶつかりやすかったり、階段やジャングルジムなどでつまずいたり頭をぶつけてしまうことがあります。

あそびの工夫と感覚を育むアイディア

　四つ這いやはしごのぼりなどの運動あそびは、手で体重を支えるので手先の運動の土台となる肩の力や姿勢を保つ力を身につけられます。

　風船バレーやボールあそび、ホワイトボードでのお絵かきも、腕を空中に保ちつつおこなうあそびなので、手と腕の力をコントロールする練習になります。

　日常生活の中でも、お水の入ったコップをそっと置く、こぼさないように持って歩くことで、手と腕の力をコントロールする経験ができます。

① 風船バレー

　風船を使って、バレーボールのように腕を空中に保ったままトスをしましょう。手と腕の力をコントロールする練習になります。

② どこまで積めるかな？

　大きなつみき（ブロック）や、やわらかいぬいぐるみ、クッションなど両手でつかみやすいもので、手や腕の力をコントロールして積み重ねる練習をしてみましょう。小さなものの上に大きなものはのせるのはむずかしいことが楽しく学べます。

ポイント　つみきをそっとのせたり、ブロックをはめ込むことがむずかしい子どもは、磁石でくっつけられるつみきや弱い力でもはめることができるブロックを選びましょう。

54 手順どおりに折れない

　折り紙のお手本や手順はイラストで方向と折り線を中心に描かれていることが多く、実際に折り紙を折る方法や手の動かし方は描かれていないので、自分で折り方をイメージする必要があります。

　お手本と折っている折り紙の形を見比べて向きを合わせる力や、折り方のイメージや手順を理解する力が必要なあそびです。また正しい手順でなければ完成できないことも多いので、少し間違ってしまうだけで次の折り方がわからなくなってしまうことがあります。

ほかの場面でのようす

- [ ] 間違い探しはできますか？
- [ ] 型はめパズルやつみきあそびはできますか？
- [ ] お手本や手元にじっと目を向け続けることはできますか？
- [ ] 洋服を自分でたためますか？

　イラストを見比べる力や図形を見分ける力がないと、お手本と折っている折り紙を見比べることがむずかしいでしょう。型はめパズルやつみきでピースの向きを変えたり、角と角を合わせるように試行錯誤することによって形の特徴を捉えたり、見方を変える力が身につきます。

　お手本をじっくり見て手順を理解したり、しっかり見比べるには、集中力と注意を持続する力が必要です。生活の中にも、ハンカチや洋服をたたむなど、折り紙に似た動作があります。

あそびの工夫と感覚を育むアイディア

絵本や『ミッケ！』（183ページ）のようなじっくり見るあそびや、間違い探しやお手本を見ながらのお絵かき、つみき（ブロック）のようにじっくり見比べるあそびをしてみましょう。

折り紙の折り方の説明には基本的なパターンがあります。「袋にしてつぶす」、「少しだけ折る」のように、お手本を見るだけではわかりにくいあいまいな部分は、まずは大人と一緒に基本的なパターンの練習をしてみましょう。

❶ お手伝い折り紙ゲーム

「半分に折る」「ひっくり返す」「折り線をつけて開く」などの基本的なパターンは、お手伝いしながら練習します。「ハンカチを半分にたたんでからひっくり返してね」「新聞を半分に折って折り目をつけてから持ってきてね」と、大人が手順を言葉で伝えながら取り組むことで、折り紙の説明も理解しやすくなります。

❷ 折り目で簡単折り紙

大人が一度折って折り目をつけた折り紙で練習すると、お手本では理解できなかった折り方ができるようになります。

また大人が横で折り方を見せてあげたり、わからなくなったらすぐに教えてあげるようにすると、投げ出さずに楽しめます。

 小さい子どもは覚える力も未熟ですし、指先を細かく動かすことも上手にできないので、折るのに時間がかかってしまい手順を覚えることができません。楽しみながら根気よく繰り返し教えてあげましょう。

55 角と角を合わせられない

| 関わる感覚・機能 | 視覚 | 聴覚 | 前庭覚 | 嗅覚 | 皮膚感覚 | 深部感覚 | 運動企画 | 運動など | 視知覚 | 言語機能 | 実行機能 |

折り紙の角と角、辺と辺を合わせて折ることができないと、折り紙のできばえが悪くなってしまいます。角や辺を合わせるには、しっかりと見て手を動かす力が必要になります。

また右手と左手の役割分担（押さえる手、動かす手）ができていないと、角や辺を合わせてもしっかり押さえられずにずれてしまい、お手本通りにできなくなってしまうことがあります。

ほかの場面のようす

- [ ] ぬりえはできますか？
- [ ] 利き手は決まっていますか？
- [ ] 紙を押さえながらお絵かきできますか？
- [ ] お茶碗を持ってお箸で食べられますか？

　目と手の協調とは、しっかり目で見ながら、手を正確に動かす力のことです。ぬりえではみ出さないように色をぬるときも、目と手の協調が必要になります。

　両手の役割分担ができていると、片方の手で押さえたり支えたりして、もう片方の手で操作することができます。

　お茶碗を持って箸で食べるとき、紙を押さえて消しゴムで消すとき、紙を持ってはさみで切るときなど、生活の中で両手で違う動作をする場面はたくさんあります。

あそびの工夫と感覚を育むアイディア

合わせる角に同じ印をつけたり、合わせる辺を同じ色マーカーでぬると注目すべき箇所がわかりやすくなります。目と手の協調を練習できるあそびには、迷路や線なぞり、点つなぎがあります。

両手で別々の動作を行うには新聞紙や画用紙を破くときのように、左手と右手の動かす方向が逆になるようなあそびをしてみましょう。ほかにもシールあそび（シールの台紙を持つ手とシールをはがす手の役割分担）、おままごと（食べものを押さえる手と包丁を動かす手の役割分担）でも同じ動作の練習ができます。押さえる手が上手にできないときは、大人が手を添えたり、押さえやすいような大きさにしてあげましょう。

❶ 上手にたためるかな？

お手伝いでタオルをたたんでみましょう。タオルはすべりにくく、少しずつずらして角と角を合わせて折ることができます。タオルの裏と表が違う色だと、角と角をしっかり合わせて折ることができているか確認しやすくなります。

❷ 大きさ、素材の違う紙

100円ショップや文房具店には、大きな折り紙や和紙を使った折り紙など、いろいろな種類の紙があります。和紙などすべりにくい素材は簡単におさえられたり、大きな折り紙は角が見やすくて合わせやすくなるので、子どもが扱いやすい紙を見つけましょう。

 ポイント 机の上がすべりやすいと押さえるのが大変になるので、すべり止めマットを敷くと折りやすくなります。

56 折り目をしっかりつけられない

関わる感覚・機能 | 視覚 | 聴覚 | 前庭覚 | 嗅覚 | 皮膚感覚 | 深部感覚 | 運動企画 | 運動など | 視知覚 | 言語機能 | 実行機能

しっかり指先に力を入れて折り目をつけられないと、折り紙のできばえが悪くなったり、お手本通りにいかなくなります。

しっかり折るためには、右手と左手を役割分担（押さえる手、動かす手）しながら、指先でつまみ、折り目に沿って手を動かしたり、人差し指で折り目をなぞったり、それぞれの指をばらばらに動かさなければいけません。

また指先にしっかり力を入れながらも、力を入れすぎて折り紙を破かないように力をコントロールする必要があります。

ほかの場面でのようす

- [ ] 指折り数えはスムーズにできますか？
- [ ] 人差し指を１本立てて「しずかに」のポーズはできますか？
- [ ] お寿司をつぶさずにつまんで食べられますか？
- [ ] まっすぐ座ることはできますか？

それぞれの指をばらばらに動かすことができると、お箸や鉛筆をスムーズに操作できたり、指折り数えや１本指を立てることができます。また目をつぶったまま触られた指がわかると、どの指にどのくらい力を入れて、どの指を動かしたらよいかという、指の運動のイメージがしやすくなります。

指先に力が入りにくい子どもは、消しゴムをしっかり紙面に押しつけることができなかったり、指先の力をコントロールできないと、お寿司をつまんだときにつぶしてしまうことがあります。

あそびの工夫と感覚を育むアイディア

　指先のつまむ力だけでなく、手全体で握る力、腕で支える力、姿勢を保つ力を伸ばすあそびを取り入れましょう。つまむ手の形も大切です。お菓子の袋を開けるときは、薬指、小指は握り込んで、親指と人差し指、中指でつまんで操作します。指の中にも支える側と動かす側の役割分担があります。

　ブランコやボールあそびでしっかり握る経験をすることで、手の役割分担ができるようになってきます。それぞれの指をばらばらに動かすためには、指先の運動をイメージすることが大切です。ねんどあそびや砂あそびで、いろいろな触り心地、握り心地を感じることにより、イメージができ上がってきます。

❶ ビー玉つまみ競争

　ビー玉やおはじき、ビーズなどを1つずつつまんで手の中に入れるゲームです。親指と人差し指でつまんで、中指、薬指、小指の中に握り込んで、何個手の中に入れられるか競争してみると大人も一緒に楽しめます。

❷ いろいろな紙を折ろう

　一般的な折り紙は表面がつるつるしていて指先の感覚がわかりにくいので、和紙や厚紙、タオルや薄いスポンジなどの指先に触った感覚が伝わりやすいものを使います。そのとき、指の先ではなく指の腹をしっかり押しつけて力をしっかり入れられるように「ごしごしアイロンをかけよう」などと声をかけると、指の動きや力の入れ具合を意識できるようになります。

> **ポイント** 小さい子どもは指先の力が弱いので、指先に体重をかけて折り目をつけられるように、座っているときにしっかり床に足をつけたり、椅子と机の高さを調整してあげましょう。

57 上手に動かせない

関わる感覚・機能: 視覚 聴覚 前庭覚 嗅覚 **皮膚感覚** **深部感覚** **運動企画** **運動など** 視知覚 言語機能 実行機能

　小さい子どもははさみを使うとき5本の指全部を使って、グーパーしながら操作しようとします。手の運動が上手になってくると、大人と同じように薬指と小指を曲げたままで、親指と人差し指、中指を動かして操作できるようになります。

　反対の手は紙（切るもの）を持ちますが、手でしっかり持てるようになるまでは紙がくたっと倒れて切りにくかったり、紙を固定できずはさみの刃をしっかり当てられないことがあります。右手と左手の役割分担（紙を持つ手、はさみを操作する手）がポイントです。

　また、利き手に合ったはさみを使うようにしましょう。

ほかの場面でのようす

- [ ] 指折り数えはスムーズにできますか？
- [ ] 利き手は決まっていますか？
- [ ] まっすぐ座ることはできますか？
- [ ] 机の高さは合っていますか？

　ものの握り方も道具を上手に使うためには大切なチェックポイントとなります。スプーンを握る手は、大人と同じ親指、人差し指、中指の3本指になっていますか（三指握り）。5本指全部で握っていると、細かい操作はまだむずかしいでしょう。また握る手に力が入ってひじが上がっていたり、机の高さが高いとひじが上がって、細かく道具を操作しようとすると手首や指をたくさん動かさなければいけません。

あそびの工夫と感覚を育むアイディア

指の役割分担を教えるために運動あそびや机の上でのあそびで手指の運動のイメージを持ち自由に動かせるように練習してみましょう。指先の力、手で握る力、腕を空中に保つ力などを高めることも大切です。

はさみを使うときの姿勢は、ひじを高く上げずに両脇をしめて、親指が上になるようにはさみを持ち、刃がおなかの前からまっすぐに紙に当たるようにします。

切る紙は握り込まずに指先でしっかりつまむようにします。むずかしいときは大人が紙を持ったり、手を添えましょう。またはさみの刃を開くところが苦手な子どもは、ばね付はさみ（きっちょん、183ページ）を使ってみましょう。

1 手あそび歌

「むすんでひらいて」や「やきいもグーチーパー」のような手あそび歌で、手先を自由に動かす練習をしてみましょう。はさみはリズムよく指先をグーパーして動かすので、手拍子に合わせてグーパーするのもよいでしょう。はさみを使う前の準備体操として取り入れてみましょう。

2 リボンを小さく切ってみよう

紙テープなど、1回で切り取れる長さのもので持つ手とはさみを操作する手の役割分担を練習してみましょう。1回切りが上手になってきたら、少し大きな紙などで連続切りを練習していきます。紙などのやわらかいものや大きなものをしっかり持って切るための準備になります。

 はさみは気をつけて使わなければけがをする道具であるとしっかり教えてあげましょう。大人と一緒に使う、はさみカバーを必ずつけるなどルールを決めるとよいでしょう。
参考図書『あぶないよ！』（フランチェスコ・ピトー）『わにわにのおおけが』（小風さち）。

58 線に沿って切れない

| 関わる感覚・機能 | 視覚 | 聴覚 | 前庭覚 | 嗅覚 | 皮膚感覚 | 深部感覚 | 運動企画 | 運動など | 視知覚 | 言語機能 | 実行機能 |

線に沿って切ることは、紙を持つ手とはさみを操作する手の力のコントロールだけではなく、線をしっかり見ながら手を動かさなければならず、とてもむずかしい活動です。

利き手用のはさみを使っていないと線をしっかり見ることができず、上手に切ることができません。

またはさみで形を切り抜いたり曲線を切るときは、はさみを動かすのではなく、はさみの刃に線が合うようにもう片方の手で紙を動かしていきます。

> ほかの場面でのようす

- [ ] ぬりえはできますか？
- [ ] ボールをキャッチできますか？
- [ ] 姿勢をまっすぐ保つことはできますか？
- [ ] 利き手用のはさみを使っていますか？

イラストや線をしっかり目で見ないと、ぬりえで色をぬるときはみ出してしまったり、迷路や点つなぎでまっすぐに線が引けません。見ると同時に手の運動を調節する必要があります。

風船バレーやボールあそびも、風船やボールの動きを目で見ながら上手に打ったりキャッチできるように手の運動の調節が必要です。

姿勢が崩れやすかったり、手の運動がスムーズにできないと、姿勢を保つことと手ではさみを操作することにばかり注意が向いてしまい、「しっかり見る」ことがむずかしくなります。

あそびの工夫と感覚を育むアイディア

　線に沿って切るためには、姿勢をまっすぐに保ち、しっかり課題を見て、スムーズに紙とはさみを動かさなければなりません。姿勢をまっすぐ保つためのあそびやしっかり見る力を育てるあそびをしてみましょう（12〜13、84〜85ページ）。

　複雑な形に切るのが苦手な子どもは、紙を動かさずにはさみを持つ手を動かして、はさみの刃の当て方も横向きやななめになったり、ひじを大きく動かして操作するので、細かく調節ができずにきれいに切れないことがあります。

　紙を持つ手を動かすための練習や、脇をしめてひじを動かさないではさみを操作する練習をしてみましょう。

❶ ネックレスを作ってみよう

　靴ひもや細めのロープに、ボタンやリングを通してネックレスを作ったり、針金やモールなどをカーブさせてビーズを通しておもしろい剣を作ってみましょう。ひもを引っ張ったり、針金を押さえながらものを操作するので、両手を別々に動かす練習になります。

❷ やぶいて綱渡り

　まずは線に沿って紙を破くあそびをしてみましょう。線をよく見てはみ出さないように切る意識づけになります。はさみで切るときは、太い線を引いて練習してみましょう。右手ではさみを持つときは左回り、左手ではさみを持つときは右回りで切るようにします。

 ポイント　足を床につけて座れる椅子と、しっかり手を置ける机を用意しましょう。姿勢や手を置く場所が安定していると、じっくりよく見て切ることができます。はさみ操作を大人が手伝うときは、子どもの手を下から支えて、子どもは親指を動かして切るようにします。

59 ふたの開け閉めができない

関わる感覚・機能 視覚 聴覚 前庭覚 嗅覚 **皮膚感覚** **深部感覚** 運動企画 **運動など** 視知覚 言語機能 実行機能

　ボトルタイプのでんぷんのりは、ふたについたつばの部分に指を引っかけて開けるようになっています。チューブタイプのでんぷんのりや水のり、スティックのりは、キャップのふたをねじって開けます。

　開けるときも閉めるときも、のりがふたにくっついてベタついていると、指先の強い力が必要になります。ふたについたのりのベタつく感触が苦手な子どももいます。

　また片方の手でボトル部分やスティック部分をしっかり握って、もう片方の手でふたを開け閉めするので、両手の役割分担が必要です。

ほかの場面でのようす

☐ タオル絞りはできますか？

☐ ドアノブをひねってドアを開けられますか？

☐ ぬるぬるしたものやべとべとしたものを触ることができますか？

☐ 手押し相撲や腕相撲はできますか？

　ボールペンのキャップやビンのふたを開けたりするには、手や指先にしっかり力を入れなければなりません。ふたをねじる動作のときには、指先も手首もひねるように動かします。
　指先の感覚がわかりにくいと力を入れすぎたり、敏感だとボトルやスティックをしっかり握れないことや、力を入れてふたに指をかけられないことがありますので、子どもの操作を観察してみましょう。またボトルタイプのふたは、上からまっすぐ力をかけて閉めます。手押し相撲や腕相撲で押す方向がわかっていると、まっすぐ力を入れることができます。

あそびの工夫と感覚を育むアイディア

　手の運動をイメージする力や、握る力、つまむ力を身につけるために、たくさん手を使ったあそびをしましょう。ねんどあそびや砂場あそび、ボール投げやブランコなども手の運動や手の力をつけられるあそびです。

　お相撲あそびやタオル綱引きで、腕の力を入れる方向を学ぶことも大切です。腕全体を使って力を入れたり、タオルをひねりながら引っ張るなど、体を使ったあそびの中で手の動かし方、力の入れ方を練習してみましょう。

いろんな紙をビリビリ

　新聞紙、折り紙、メモ用紙、画用紙、厚紙、段ボールなどいろいろな素材、いろいろな大きさの紙を破いてみましょう。両手を別々の方向に動かしたり、硬くて破りにくいものは片方の手でしっかりと支えて、もう片方の手で力いっぱい引っ張る練習になります。

2 新聞ひねり

　タオル絞りのように新聞をひねって細くしましょう。しっかり握り込む動作や、手首をひねる動作の練習になります。新聞を持つときは、上から持ったり、下から持ったり、新聞を横向きにしてひねったり、縦にしてひねったり、いろいろな方向に手首をひねる経験ができるようにしてみましょう。

 ボトルタイプのふたのつまむ部分にシールやカラーテープを貼ってわかりやすくしてあげたり、滑り止めシートを貼ってあげて指をすべりにくくする工夫も役立ちます。

60 たくさん出しすぎてしまう

関わる感覚・機能｜視覚｜聴覚｜前庭覚｜嗅覚｜**皮膚感覚**｜**深部感覚**｜運動企画｜**運動など**｜視知覚｜**言語機能**｜**実行機能**

　ボトルタイプののりは、指ですくう量を調節し、チューブタイプののりはチューブを握る強さで量を調節します。

　スティックタイプののりは、出す量を目で見て調節します。子どもは「しっかりくっつけたい」と思ってたくさんのりを出したり、力のコントロールが苦手で、思い切り強く握ってたくさん出してしまうことがあります。

　また、「そっとやろう」といった気持ちのコントロールが苦手で、勢いよくのりを出してしまうことがあります。

ほかの場面でのようす

- ☐ 大きい、小さい、高い、低い、多い、少ないはわかりますか？
- ☐ 1本指を立てて、くるくる回せますか？
- ☐ お寿司をつぶさずにつまんで食べられますか？
- ☐ つみきをそっとつまめますか？

　量の多い少ない、の判断は小さい子どもにはむずかしいので、適切な量を教えてあげることが大切です。のりを指ですくうときは、1本指を立てて他の指を握り込み、手首と指をくるっとひねる動作をするので、指や手首を自由に動かす必要があります。力のコントロールや気持ちのコントロールができないとつみきを勢いよく重ねて崩してしまうことがあります。

あそびの工夫と感覚を育むアイディア

　大きい小さい、多い少ないなどを理解できるように、様々なあそびの中で大きさや量の要素を取り入れたり、いろいろ手の動かし方や、ぎゅっと握る、そっと握るなど力のコントロールの方法を練習してみましょう。

　また、力のコンロールが苦手だとマヨネーズやケチャップを出しすぎてしまったり、コップにお水をそっと注いだり醤油をそっとかけたりする動作が上手にできないことがあるので、生活の中でも手を添えて練習してみましょう。

❶ 砂場でお絵かき

　砂の上に1本指でお絵かきをして、指先ですくう動作やすくう感覚を経験してみましょう。砂の中に指を入れて下から掘って穴をあけたり、そっと表面をなでたり、のりをすくう練習だけではなく、のりをぬる練習にもなります。

❷ ゆっくり動かしてみよう

　コップに飲みものを注ぐとき、できるだけゆっくりした動作で、少しずつ注いでみましょう。ペットボトルや牛乳パック、コップからコップへなど、いろいろな道具でチャレンジすることで、道具によって握り方や力の入れ方を変える経験や気持ちのコントロールの練習ができます。

ポイント　のりをすくう量がわかりにくいときは、絵の具のパレットの枠に1回分ののりを出して見せたり、スプーンですくって見せるとわかりやすくなります。また出しすぎてしまう子どもにはスティックのりがおすすめです。

61 上手にぬれない

| 関わる感覚・機能 | 視覚 | 聴覚 | 前庭覚 | 嗅覚 | 皮膚感覚 | 深部感覚 | 運動企画 | 運動など | 視知覚 | 言語機能 | 実行機能 |

のりをぬるときは、ぬる場所の広さに合わせて量を調節し、乾く前に素早くぬって貼り合わせなければいけません。指先の細かい動作が苦手だと素早くぬれないことがあります。

同じ場所ばかりにぬってしまい、のりをのばせない子もいます。上手にのりをぬるためには、指先でのりをのばしたりスティックを動かす手先の運動と、しっかり紙を押さえる手とのりをぬる手の役割分担、ぬるべき場所全体に注意を向ける力が必要になります。

ほかの場面でのようす

- [ ] 1本指を立てて、くるくる回せますか？
- [ ] スプーンやフォークを上手に持てますか？
- [ ] ぬりえは、ぬり残さずにぬれますか？
- [ ] お片づけができますか？

でんぷんのりは1本指でのばしながらぬることが多いので、素早く腕を動かすと上手にぬれます。スティックタイプののりは、鉛筆のように3本指でしっかり握って（三指握り）腕を素早く動かしてぬりますが、5本指全部で握るとコントロールが少しむずかしいことがあります。

両手の役割分担ができると、紙をしっかり押さえてのりをぬることができるので、ぬり残しが減ったり、ぬりたい場所にぬることができます。ぬりえや間違い探しが上手な子どもは、あちこちに注意を向けることができるので、のりをぬるときもぬり残しに自分で気づくことができます。

あそびの工夫と感覚を育むアイディア

　手先の細かい運動や、両手の役割分担が練習できるあそびをしてみましょう。
　またのりをぬるときは手先の運動で狭い範囲にぬるときと、腕全体を動かして広い範囲にぬるときがありますので、しっかりものを握りながら腕を大きく動かすあそびも取り入れてみてください（23ページ）。
　生活の中でも、ぞうきんがけや窓拭き、テーブル拭きをすると腕を大きく動かしたり、拭き残しなく全体に注意を向ける練習になります。

❶ ぐるぐるお絵かき

　クレヨンで新聞紙にお絵かきをしましょう。親指が上になる握り方（手掌回外握り）や、鉛筆持ちでしっかり握りながら腕を大きく動かしたり、大きさの違う丸や四角を描いてあげて、その中をはみ出さないようにぬります。
　新聞中の四角い枠や、白抜きの文字をぬってみるなど段階づけて使うことができます。

❷ スポンジお絵かき

　薄くて大きなスポンジに指を使って絵の具でお絵かきしてみましょう。指先でのりをぬるとき、紙の指を押しつけすぎても、ただ表面をなでるだけでもしっかりのばせません。スポンジは指先にかかっている力を目で見て確認できるので、表面を指でなでたり、ぎゅっとへこむほど押しつけたりしながら、指先の力のコントロールを学んでみましょう。

> **ポイント** ぬり残しの多い場合は、ぬった場所に色がつくスティックのりを使ったり、乾きにくいテープのりを使うとしっかり確認する時間を取ることができます。ぬる順番も、ぬる場所に印をつけて、ぬり場所の周囲をぬってから中をぬるようにするとぬり残しがなくなります。

62 手につくのを嫌がる

関わる感覚・機能：視覚 聴覚 前庭覚 嗅覚 **皮膚感覚** 深部感覚 運動企画 運動など 視知覚 **言語機能** 実行機能

　のりやテープのべたべたした感覚が苦手だったり、手に何かがくっつく感覚が苦手だと、のりやテープを使ったあそびに楽しく取り組めません。のりは手につくと、ごみがついて汚れたり乾いてつっぱる感触になることがあります。

　テープは手につくとなかなかはがれません。砂あそびやねんどあそびが苦手な子どもは、ぺたぺたした感覚が苦手なためのりやテープが使えず、工作に集中できない場合があります。

ほかの場面でのようす

- [ ] 絵の具やマジックが手についても平気ですか？
- [ ] おにぎりを手で持って食べられますか？
- [ ] 石けんで手を洗うことができますか？
- [ ] シールあそびができますか？

　手づかみ食べや石けんでの手洗い、手を使ったあそびが苦手な子どもは、べたべたした感覚やぬるぬるした感覚の経験が少なく、敏感になることがあります。

　また手に何かがくっつく感覚が苦手な子どもは、手袋をつけられなかったり、ビニール袋やビニールテープが静電気で手にまとわりつく感覚が苦手で、触りたがらないことがあります。

あそびの工夫と感覚を育むアイディア

べたべた、ぬるぬるした感覚が苦手な子どもは、手先を使ったあそびでいろいろな感覚を経験してみましょう。

泥あそびやシャボン玉あそびも、べたべたやぬるぬるを経験できますし、手を洗ったり、お風呂で自分で体を洗うなど、生活の中でも手先の感覚を経験できます（26〜31ページ）。

実際にのりやテープに触れて感覚に慣れていくことも大切です。楽しいあそびの中で、子どもの「触ってみよう」という気持ちを引き出すことが大切です。

❶ ソフトクリーム屋さん

石けんの泡をグーにした手の上にのせて、ソフトクリームに見立ててあそびます。石けんのぬるぬるした感触に少しずつ慣れていくことで、のりやテープのべたべたした感触にもチャレンジできるようになります。

❷ 体にシールを貼ろう

腕やお腹、足の裏に好きなキャラクターのシールを貼ってみましょう。服の上から貼ったり、直接肌に貼ったり、貼りついても痛くない、怖くない、はがすことができることを教えてあげましょう。ガムテープや紙テープ、ビニールテープなどいろいろな素材テープを大人と一緒にくっつけ合いをするのも楽しいです。

 ポイント どうしてものりを手で触れない子どもは、スティックのりを用意したり、スポンジやローラーなどの道具を使えるようにしてあげましょう。またおしぼりを用意して、手についてもすぐに手を拭けるようにしておきます。

63 長く引っ張り出してしまう

関わる感覚・機能：視覚 聴覚 前庭覚 嗅覚 皮膚感覚 **深部感覚** **運動企画** **運動など** 視知覚 言語機能 実行機能

　テープカッターからテープを引っ張り出すとき、片手でテープカッターを押さえて、もう片方の手でテープを引っ張り出します。このとき肩を大きく動かして腕全体で引っ張ると長くなってしまうことがあります。テープを出しすぎてしまう子どもは、肩に力を入れて腕全体を動かさないようにすることが苦手かもしれません。

　肩の動きは小さく、主に手首とひじの動きでテープを引っ張ると適度な長さにすることができます。またテープを指先で引っ張る力が弱いと、テープを引っ張り出すときに腕全体に力を入れなければならず、長くなってしまうこともあります。

ほかの場面でのようす

- ☐ 手押し車はできますか？
- ☐ ジャングルジムやはしごはのぼれますか？
- ☐ まっすぐな姿勢で座れますか？
- ☐ 脇をしめてはさみを使えますか？

　テープカッターをしっかり押さえて両手の指先に力を入れて動作をするとき、姿勢が崩れやすいと、肩に力が入りにくくて腕全体で引っ張ってしまったり、指先にしっかり力を入れられないことがあります。

　机といすの高さが合っているかも大切で、机が高くて脇が開いてしまうと腕全体が動いてしまうことがあります。子どもがどんな姿勢になっているかを観察してみましょう。両手の役割分担や指先の力も大切です。

あそびの工夫と感覚を育むアイディア

　肩の動きは小さく、主に手先やひじの動きでものを操作するために必要な、姿勢を保つ力や肩で支える力を育てられるような運動あそびをしてみましょう（12〜13、120〜121ページ）。

　手先の運動をしているときに姿勢を保つ方法、手でしっかり支えながら体を動かす方法などを運動あそびの中で学ぶと、手先を使ったあそびが上手にできるようになります。

1　座って紐綱引き

　椅子に座ってひもで綱引きをしてみましょう。そのときひじはテーブルについたままというルールにすると、腕全体を動かさないで手首やひじを動かす練習になります。薄いリボンなどでやってみると、テープをつまむ練習にもなります。

2　風船リレー

　風船を落とさないようにリレーしていきます。手の上にのせる、新聞の上にのせる、お玉の上にのせる、スプーンの上にのせるなど、使うものをいろいろ変えられるので、段階づけて飽きずに楽しめます。体に力を入れてそーっと動く、手を大きく動かさないようにする動作になるので、姿勢を保ち、肩を動かさないようにする練習になります。

 ポイント　テープカッターを固定することがむずかしい子どもには、大人用の大きく重たいものを用意します。また大人が手を添えて、手でテープをつまんで手首とひじで引っ張る方向や力のかけ方を教えます。

64 テープを切れない

関わる感覚・機能:

テープカッターでテープを切るとき、力いっぱいまっすぐ引っ張ってしまったり、テープを強く握りすぎてくっついてしまうことがあります。

テープを切るときは、指先と手首を軽くひねり、テープのはじからテープカッターの刃に当てて切っていきます。手首と指先を自由に動かせると上手にテープを切ることができます。またテープは透明で切れていく様子が見えにくいので、色のついたテープや紙テープなど道具の工夫も必要です。

ほかの場面のようす

- [ ] トランプをひっくり返せますか？
- [ ] 線に沿って紙を破けますか？
- [ ] ひじから先を机に置いて色ぬりやお絵かきができますか？
- [ ] 鍵を差したり抜いたりできますか？

指先や手首を自由に動かせると、カードをひっくり返したり、細かく紙を破くことができます。また色ぬりやお絵かきで腕全体を動かさずに指先や手首で鉛筆を動かしたり、鍵を差したり抜いたりできると、指先や手首を使った動作が上手にできます。

肩とひじを動かさないようにして指先と手首を動かす動作は、文字を書いたり、コンパスを動かしたり、楽器を演奏するなどの学習場面にもつながる大切な動作です。指先や手首を自由に動かすためには、肩で支える力、ひじで支える力が必要になります。

あそびの工夫と感覚を育むアイディア

大人が手を添えてあげて、片方の手でテープカッターを押さえて、もう片方の手でテープをはじから切り取る指先と手首の動き、力のかけ方を教えます。

姿勢を保つ力や腕の力を育てる運動あそびもとても大切です。また砂あそびやねんどあそびなどの指先を細かく動かすあそびと、あそびの中でものを握ったまま手首を自由に動かす経験することが大切です。毛糸をほどく、布製メジャーを引っ張る、ひものぼりのおもちゃ（2本のひもを交互に引っ張ると動くおもちゃ）などであそぶと、実際に指先でつまみながら引っ張る動作を経験できるでしょう。

❶ どれだけ小さくできるかな

子どもの手の力でも簡単にちぎることができる紙を、どんどん小さくちぎってみましょう。紙を小さくちぎるときの、指先で紙をつまんで手首をひねる動きは、テープを切るときの動きと似ています。

❷ ドリブル・ボール転がし

ドリブルは指先と手首を柔らかく前後に動かして、力を入れると大きくはずみ、力を抜くと小さくはずむため、指先と手首の運動と力のコントロールを経験できます。まだうまくできない子どもはボールの上に手を置いたままくるくるとボール転がしをしてみましょう。ボールを転がすことで手首のいろいろな動きを経験できます。

> **ポイント** テープをつまむときは、親指と人差し指で親指が上になるようにつまむこと、テープを切るときは、右手の場合は反時計回り、左手の場合は時計回りに手首をひねりましょう。またテープを引っ張り出しすぎてしまうときは、大人が手を添えて、引っ張る力や切る動きを教えてあげましょう。

65 うまく貼れない

関わる感覚・機能： 視覚   皮膚感覚 深部感覚 運動など 視知覚 実行機能

テープを貼るときは、指先でテープのはじとはじをつまみ、横にピンと張ります。そして貼りたい場所に両手を伸ばし、握った手の指で貼るものを押さえながらテープを貼ります。上手になってくると片手でテープを持って、他の場所にくっつかないように慎重に貼る事ができるようになります。

両手の指でテープをピンと張る、指で紙を押さえる、両手で同時に貼りつける、他の場所にくっつかないように気をつける、などいくつかの動作を同時にしなければならず、指先を自由に動かす力と集中する力が必要です。

またテープを貼る場所とテープの向きを合わせる力が必要になります。

ほかの場面のようす

- ☐ おやつの包み紙を開けられますか？
- ☐ 丸いチョコレート菓子を自分で取り出せますか？
- ☐ 洋服やタオルをたためますか？
- ☐ つみきをそっと積めますか？

キャンディーの包み紙を引っ張るときは両手で同じ動作をします。また錠剤や丸いお菓子を取り出すときは、より指先の細かい動作ですが、指に力を入れて押す必要があります。

洋服やタオルを上手にたたむときは両手を協調させ、しわにならないように集中したり、つみきを積むときも、倒さないように集中します。貼る場所とテープの向きを合わせるために形の特徴を捉えたり貼り方を考える力も必要です。

あそびの工夫と感覚を育むアイディア

両手の動作と集中する力を育てるあそびだけでなく、目的の場所にテープを貼るための目と手の協調あそびも大切です。つみきやパズル、型はめなども目と手の協調を練習できますし、ボールで的当て、魚釣りあそびなど全身を使ったあそびでも練習できます。

またテープは透明なので貼る場所にしっかり合わせられないことがあります。白っぽいテープで、貼ると透明になるものも売っていますので試してみましょう。大きなガムテープや色のついたテープで貼る練習をするのもよいでしょう。

❶ 新聞壁抜け

大人と一緒に新聞紙を広げて両手で持ち、左右にピンと張ります。ピンと張った新聞紙を勢いよく突き破って走り抜けてみましょう。新聞紙をしっかり張ると上手に新聞が破れます。一番大きく広げた新聞を、破けたら半分、また破けたら半分と少しずつ小さくしていくと楽しめます。

❷ シールあそび

貼る場所を決めて両手でシールを貼ってみましょう。毎日の歯みがきチェックシートやお片づけチェックシートなどを作って、表の中にはみ出さないように貼ったり、着せ替え人形シールのように顔や体の適切な場所にシールを貼ると、しっかり見て貼る練習になります。また、窓や鏡に貼ったりはがしたりできるジェルシールは、両手でピンと引っ張りながら貼る練習になります。

ポイント どこに貼ればよいのかわからなかったり、適切な長さがわからないことがありますので、テープを貼る場所に目印をつけましょう。

66 上手に鍵盤を押さえられない

関わる感覚・機能： 視覚 ／ 皮膚感覚 ／ 深部感覚 ／ 視知覚

　鍵盤ハーモニカは幼児から小学校低学年で練習することの多い楽器です。鍵盤ハーモニカの演奏をするためには、指を動かす、息を吹く、楽譜や先生を見る、周りの音に合わせるなど、一度にたくさんのことをしなければなりません。

　手先を細かく動かすことや目で見ながら手を動かすことに苦手があると上手に演奏できなかったり、目で見る力が弱いと、楽譜と鍵盤を見比べたり、先生の方を見ながら鍵盤を確認することができなかったりします。また、鍵盤は白と黒が規則正しく並んでいるので、基準のド（おへそのドとも言います）を見つけられないこともあります。

ほかの場面でのようす

- [ ] 指折り数えはスムーズにできますか？
- [ ] ぬりえはできますか？
- [ ] お手本を見ながらお絵かきできますか？
- [ ] 間違い探しはできますか？

　白と黒の鍵盤を見分けたり、低いドから高いドを1つのまとまりとして捉えたり、楽譜を見たり、鍵盤ハーモニカの演奏には見る力が必要になります。鍵盤の場所を覚えるためには、自然に指が動くように"指の動き"で覚えたり、正しい音が出ているか"聞いて"覚えなければなりません。手先を細かく動かすことが苦手だと、繰り返しの練習ができなかったり、ゆっくりしか弾けずに練習回数が少なくなってしまったり、指を動かすことに精いっぱいで音を聞けなかったりと、なかなか定着しない様子が見られます。

あそびの工夫と感覚を育むアイディア

　手先を細かく動かしたり、それぞれの指をばらばらに動かすためには、姿勢をしっかり保ったり、腕を空中に保つ力が必要です。鍵盤ハーモニカを繰り返し練習するだけではなく、いろいろなあそびを通して指先を動かす力、目で見る力を育てましょう。

　鍵盤ハーモニカを上手に演奏できることも子どもの喜びにつながりますが、まずは音楽を楽しんで、「やってみたい」気持ちを引き出すことが大切です。

1 指ばらばら体操

　指をばらばらに動かすことがむずかしいときは、手あそびやじゃんけんなど指を１本ずつ動かす練習をしましょう。右手と左手の５本の指先をくっつけて、順番にくるくる回す体操や、あやとりや指を使った編みものなどのあそびで、指先を動かす感覚を覚えましょう。

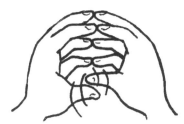

まあるく左右の指をつけて１対ずつ回す

2 何の音？

　鍵盤と押さえる指のつめに同じ色のシールを貼ってみましょう。好きなキャラクターのシールを子どもに貼らせてあげると、「車のシールはド」「飛行機のシールはレ」など、シールと関連づけて覚えやすくなります。大人が「車」のイラストを見せたら、「車の鍵盤を車の指で弾く」というように、音と鍵盤、押さえる指を覚えましょう。

 ポイント　鍵盤ハーモニカや演奏する環境への配慮もとても大切です。視覚的な手がかりを増やす、１人ひとりの音がきこえるように順番に弾くなど、子どもに合った方法を考えます。

67 しっかり吹けない

関わる感覚・機能

視覚 / 聴覚 / 前庭覚 / 嗅覚 / **皮膚感覚** / **深部感覚** / **運動企画** / 運動など / 視知覚 / 言語機能 / 実行機能

　鍵盤ハーモニカを演奏するためには音に合わせて吹く量や吹くタイミングをコントロールしなければいけません。まずは吹き口をしっかりくわえることが大切です。また口からしっかり息を吹いたり、少しずつ吹いたり、ある程度の長さを吹き続けられる力も大切です。

　口の機能が未熟だと、舌を自由に動かせず、吹き口を舌で閉じてしまったり、唇をしっかり閉じられない子どもは、口を閉じることやよだれを飲み込むことを忘れて、よだれがこぼれてしまうことがあります。

ほかの場面でのようす

- ☐ よだれをこぼさず歯みがきできますか？
- ☐ ぶくぶくうがいはできますか？
- ☐ ストローをかまずに吸えますか？
- ☐ あっかんべーや、舌で唇を1周なめることはできますか？

　よだれをこぼさずに歯磨きをするためには、唇でしっかりよだれを受け止めなければいけません。唇を自由に動かしたり、唇の感覚をつかんでいると、唇をしっかり閉じて水をこぼさないようにぶくぶくうがいすることができます。唇を閉じることができないとストローを上手にくわえて吸うことができません。また舌を自由に動かせない子どもは、ソフトクリームをなめずにパクパク食べたり、あっかんべーが上手にできないことがあります。ご飯を食べたときに口の周りが汚れてしまう子どもは、唇の周りを舌でなめるのが苦手なことがあります。

あそびの工夫と感覚を育むアイディア

　唇をしっかりとじる力を育てる、吹く息の量をコントロールするあそびをしてみましょう（35ページ）。

　唇や舌を自由に動かす力は、食事やおやつの時間、体を使ったあそびの中でも育てることができます。鍵盤ハーモニカを使った練習と、生活の中でできるあそびを合わせて、子どもに負担のないようにしましょう。あめ玉を左右のほっぺに移動させたり、麺類をすする練習もよいです。

❶ ぞうさんの息

　鍵盤ハーモニカの吹く口をくわえて、反対側をほっぺたに近づけて、強く吹いたとき、弱く吹いたときの違いをほっぺたで感じてみましょう。また「強く」、「弱く」ではなく、吹く量を1～5で段階づけたり、「ぞうさんの息」、「ねずみさんの息」など、子どものわかりやすい表現にしてあげるとよいでしょう。

❷ たくさん運動しよう

　吹く息の量が少なかったり、長く息を吹けない子どもは、たくさん息を吸うことができていないかもしれません。おにごっこで息が切れるまで走ったり、かくれんぼやだるまさんが転んだで「もういいかーい」など大きな声を出したり、お腹のそこから声を出して笑ったり、全身を動かすあそびを通して息をたくさん吸うための力を育ちます。

 ポイント 演奏中によだれが出てしまう子どもは、吹き口をくわえたままよだれを飲む練習や、吹き口をときどき離してよだれを飲み込むようにうながします。またハンカチやタオルをホースと吹き口に巻き付けておくと、よだれが染み込むので机や鍵盤を汚さずに演奏できますし、ホースや吹き口が持ちやすくもなります。

握る・つまむの発達

> いままで紹介した粗大あそび、指先を使ったあそびの中で手が果たす役割は大きなポイントです。ボールあそびやブランコでは道具を握ったり体を支えるために手を使います。ねんどやつみきなどのあそびの中では指先を細かく動かしますし、生活の中ではボタンを留めたり、スプーンやお箸を使ったりとたくさん指先を使います。
> あそびや生活の中で手を動かす力を育てましょう。

●姿勢の発達と手の運動

生まれたばかりの赤ちゃんは1人で姿勢を保つことができませんが、仰向けに寝ながらひじを曲げたり手を伸ばしたり、手の運動の準備を始めています。そして自分の手をなめたり、両手を合わせたりすることで、指先の感覚や両手を一緒に使う経験をしていきます。

1人で座ったり、寝返りが打てるようになると、おもちゃに向かって手を伸ばして、つかんだり、離したり、振ったり、叩いたり、いろいろな手の運動をするようになります。

利き手の役割分担は、自分で座れるようになる頃から少しずつ育ち始めます。姿勢を保つために片手で支え、もう片方の手でおもちゃをつかむなど、はじめは姿勢保持とおもちゃの操作の役割分担をします。

姿勢が安定してくると、片手でおもちゃを支えて、もう片方の手でおもちゃを操作するようになり、いろいろなおもちゃの使い方ができるようになるのであそびの幅が広がっていきます。

手の運動準備

おもちゃをつかむ

両手の役割分担がはじまる

●握りの発達

赤ちゃんと大人では、ものを握るときの手の使い方が違い、手首と指先の運動の発達に従って握り方も変化していきます。赤ちゃんの頃はサルの手のように、人差し指から小指の4本指を使ってものを握ろうとします。この頃はまだしっかり握る、しっかり離すなどの操作はなかなかできません。

1人で座れるようになる頃には、親指から小指まで5本指を使った握り方ができるようになり、おも

ちゃをしっかり握ってあそべるようになります。1歳頃になると、スプーンやフォークをグーで握って使うようになりますが、手首や指先を自由に動かすのはむずかしいので、肩やひじを大きく動かして操作します（手掌回外握り、手掌回内握り）。

2歳頃になると、スプーンやクレヨンを握るときに人差し指を立てるようにして、手首を動かして操作できるようになってきます（手指回内握り）。

3歳頃になると、大人と同じような手の形でものを握るようになりますが、まだ指先を動かすのはむずかしいので手首を動かして操作します（静的三指握り）。

4歳頃には大人と同じように指先を動かして操作できるようになるので、お箸を使ったり、クレヨンを細かく動かしてお絵かきしたりすることができるようになります（動的三指握り）。

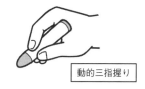

●「つまみ」の発達

お菓子の包み紙を開けたり、シールをはがしたり、ビーズを糸に通したり、ものの大きさや素材によってつまむときの指の形は異なります。赤ちゃんの頃は人差し指から小指の4本指で握ることしかできません（尺側把持）。

寝返りができるようになる頃には、親指、人差し指、中指の3本指で握ったり（橈側把持）、小さいものをつまめるようになってきます（三指つまみ）。いろいろなつまみ方ができるようになるので、おもちゃであそぶのが上手になったり、上手につまんでおやつを食べたりする姿が見られます。

一人で座れるようになる頃には、親指と人差し指の横を使ったつまみ方（側腹つまみ）ができるようになり、その後、親指と人差し指のお腹を使った

つまみ方（指腹つまみ）、親指と人差し指の先を使ったつまみ方（指尖つまみ）ができるようになり、どんどん上手につまめるようになります。つまみ方が

上手になると、お箸やはさみも操作できるようになります。

●握る力とつまむ力の発達

手首や指先を自由に動かせても、握る力、つまむ力が弱いと上手に操作することができません。握る力、つまむ力を伸ばすためには、手の運動の土台となる、姿勢を保つ力や腕を支える肩周りの力を伸ばすことが大切です。はいはいしたり、坂をよじのぼったり、ジャングルジムをのぼったり、体を動かすあそびを経験させましょう。

●手首の動き

大人と同じような手の形でものを握ったりつまんだりすることができるようになるためには、手首をしっかり動かせるかがチェックポイントになります。鉛筆を握る手の形を見てみると、手首を後ろにそらしていることがわかります。手首を後ろにそらして安定させることで指先を自由に動かすことができるのです。

なかなか大人と同じような手の形での握りができないときは、ブランコやジャングルジムでしっかり握る練習や、ねんどをこねたり、ぞうきんをかけたりするときの手の形を練習してみてください。

●手の運動の発達はあせらずゆっくり

手の運動の発達は、肩やひじの力がついてきて、手首にしっかり力が入れられるようになり、5本指全部使って握ったり離したりできるようになり、だんだんステップアップしていきますが、大人と同じように上手につまめるようになるには時間がかかります。

まだ手首をそらした握り方ができず手掌回外握りでしかクレヨンを持てないのに、いきなり大人と同じような三指握りで鉛筆を持たせることはできません。子どもの握り、つまみの発達に合わせた手の使い方であそんだり、ご飯を食べたりすることで、握りやつまみが発達します。

コラム　関わり方

【言葉かけ】

　子どもに指示をする際には、具体的にしてほしい内容を伝える必要があります。例えば、廊下を走ってしまったときに「走っちゃだめ！」ではなく「歩こうね」、椅子に座っていられず立ち上がってしまうときに「立っちゃだめ」ではなく「座りましょう」といった言葉にします。

　社会的に許されないことや子どもの命に関わるような場面では、大きな声を出して子どもの動きを止めて安全を確保する必要がありますが、それ以外は毅然とした態度でしてほしい内容を伝えることが大切です。

【メリットとデメリットの設定】

　子どもに好ましい行動をしてもらいたいのであれば、好ましい行動をすると子どもにとってメリットがあり、その行動をしないとデメリットとなる工夫が必要です。例えば、食事の途中で席を離れてあそんでしまう場合に追いかけて食べさせたり、だらだらと何時間もかけて食べさせたり、食事時間以外に欲しがる度に食べものなどを与えることはしないようにします。

　子どもが席を離れてあそび出すようであれば、「食べないなら片づけてしまうよ」などと脅すような発言はやめ、食事を終了して片づけてしまいます。その後欲しがっても次の食事までは与えないようにします。飲みものも基本はお茶や水にします。子どもはおなかが空くので次の食事をしっかりと食べるようになっていきます。

　このように、食事の時間にしっかりと食べないと、後でおなかが空いて子ども自身が困るという状況を設定していくことが効果的です。ごはんのときにしっかりと食べなかったからいけないのよ」などと叱るのではなく、子どもがぐずっても「次のごはんのときに食べようね」と毅然とした態度で伝えます。叱っても効果的ではないのです。親だけでなく、一緒に暮らす大人たちの間で態度を一貫するようにしましょう。

【ほめる】

　好ましい行動をしているときに注目し、ほめて認めることが大切です。このときにうまくできたときだけほめるのではなく、好ましい行動をしようとした行為を認めてほめることが大切です。例えば、ただ「えらかったね」ではなく、「片づけを手伝ってくれてお母さんは助かるな」と具体的に何がよかったかを言葉にして伝える必要があります。

コラム　対人関係

【生まれる前から始まる】

　人は人との関わりの中で、様々なことを学んで成長していきます。対人関係は母親のお腹の中にいるときから始まっています。母親の声や動き、内臓の音などがする子宮内の環境で子どもは安心感を得られます。生まれた後は養育者との関係の中で愛着が形成され、安心感の中で行動範囲を広げていきます。

　そして、家族という小さな社会から保育園などの集団、さらに社会へと成長とともに徐々に関わる人が増えていき、その関係性も複雑になっていきます。多くの子どもは周りの人の行動を見聞きしたりまねをしたり、言葉によって指導されたりすることで、人との関係を身につけていきます。

【対人関係を習得することがむずかしい理由】

　しかし、発達に何らかのつまずきをもつ子どもは、この対人関係の習得にも困難を抱えやすい特性をもっています。その困難さは子どもによって様々です。

　公園に行っても親や同じくらいの子どもとあそぶより、一人であそぶことを好む子どもがいます。一人で放っておかれても泣いたりすることなく、何時間も平気だったりすることがあります。

　この子どもの場合、人よりものへの興味関心が強かったり、興味関心が細部に集中してしまうことで、周りの状況が捉えられなかったり、人の表情を捉えきれなかったりするのかもしれません。また、周囲の音が騒がしくて、一人であそんでいるのかもしれません。

　公園でかわいい犬を見つけたときに、多くの子どもはその感動を人と共有したくて、指差しをしたりして親や周囲の人に知らせます。しかし興味関心の偏りによってこのような経験が乏しかったり、逆に「この犬かわいいね」と声をかけて共有しようとしても、それにまったく反応を示さなかったりと、興味や関心、感情の共有が苦手だったりします。

　この興味や関心、感情の共有は自分と他者の考えの違いなどに気づき、相手が何に注目している

のか、相手が何を意図して行動しているのかを理解する力になります。しかしこの力に苦手さがあるために、様々な対人関係トラブルにつながってしまうことがあります。

公園から帰る時間になって親が声をかけても、あそびに集中しすぎるため、その声が子どもに届いていないことがあります。これにより怒られてしまうことが多くなります。また、親が怒った表情をしていても細部に注目する（例えば親のTシャツの絵柄が気になってそっちに意識が向く）ために、親が怒っていることに気づいていなかったりすることもあります。そのほかに、帰る時間であることがわかっていても、感情や行動を自分でコントロールできないがために、あそびを終わらせることができない子どももいます。このようなことが、対人関係のむずかしさへと影響します。

【コミュニケーションの違いを理解する】

対人関係のつまずきは、当然のことながら相手がいて初めて起こります。発達につまずきがある子どもが1人であそんでいても特に問題は起こらないのです。しかし、2人以上の人がその場にいることで対人関係の問題が生じます。これは違う考え方や感じ方をする人がその場に存在することによって起こります。また、コミュニケーションの受け取る側の捉え方によって変わってくることもあります。

私たちが知らない文化や言語の国の人とコミュニケーションをとるときに、身振り手振りでなんとかコミュニケーションして相手にわかるように伝えようと努力をします。これは発達になんらかのつまずきがある子どもに対する関わりでも同じことが言えるのではないでしょうか。

情報の捉え方や感じ方が異なる特性をもっている子どもに必要な情報を伝えようとするときに、どうしたら伝わるのか、どうしたら理解してもらえるのかを考えて関わることが重要です。お互いを理解し合って、対応していくことが必要です。

この視点がないと、叱責や注意、否定をすることで強引に社会に合わせようと仕向けてしまうことになります。このような機会が多くなると、子どもは自分に自信が持てなくなり、人と関わることを嫌がり、不登校などの二次障害を引き起こす場合も少

なくありません。このような状況に陥らないためにも、関わる人たちが子どもの特性を理解して適切な関わりをする必要があります。

【行動の背景を考える】

　子どもたちの様々な行動の困難さを理解するうえで大切にしたい視点として「氷山の一角モデル」があります。目に見えている子どもの苦手さやつまずきを氷山の一角として捉え、そこだけに注目するのではなく、その水面下にある行動の要因に着目するのです。対人関係のつまずきには必ず水面下の背景があります。その背景を探り、その子どもが困っていることに対応していかなければなりません。

　その背景には子どもの発達特性の要因と、その周囲の刺激や行動を引き起こす様々な状況といった環境要因にも注目する必要があります。

　例えば、集団で「ルールが守れない」といった行動の背景を考えてみましょう。

氷山の一角モデル

①**自己統制の弱さ**

　衝動性が高く、感情や行動を自分で抑制できないことが考えられます。自分の思う通りにやりたいという気持ちを抑えきれないといった自己統制能力の弱さが挙げられます。

②**自尊感情の低下**

　運動の不器用さなどによって失敗体験が積み重なり、これが自信のなさにつながり、自分にはうまくできないと自己評価が低く、自尊心が育っていないため活動に対して拒否をすることもあります。

③**表情と雰囲気を読み取る力が弱い**

　勝ち負けにこだわって、勝手にルールを変えてしまうこともあるかもしれません。このような場合、自己統制能力の弱さも影響しますが、相手が今どう感じているかを言葉だけでなく、表情や雰囲気から読み取ることや、相手の気持ちを想像することが

むずかしいのかもしれません。

　④**感覚の受け取り方の違い**

　環境や周囲の人から得た情報が適切に処理されていない感覚面の偏りによって、ルールが守れないことがあります。活動の音がうるさくてその場を離れたり、遊具の不安定さが苦手でルールを無視して避けたりしているのかもしれません。

　⑤**注意力の弱さ**

　他のことに注意が向き、気を取られているうちに順番が守れなかったり、列をはみ出して違うところに行ったりしてしまうのかもしれません。そもそもその活動をどの手順でどのくらいの時間や量、そしてどうやって参加すればいいのかがわからないのかもしれません。初めはルールがわかっていても忘れてしまうこともあります。

【同じつまずきでも、子どもの特性や行動の背景を考えて対応する】

　このように「ルールが守れない」という状況に対しては、原因は多岐にわたっているため、それぞれに合った対応をしていかなければなりません。自己統制能力の弱さにより、感情や行動をコントロールできない子どもの場合、活動を始める前にしっかりルールを説明する必要があるでしょう。口頭ではなく、必ず絵や写真、映像などで視覚的に提示し、いつでも振り返れるようにすることが大切です。これは、手順がわからない子どもやルールを忘れてしまう子どもにも有効でしょう。

　そしてゲームや競技では、負けたり、失敗したりすることも事前に説明しておくことも重要です。負けたときのリアクションを子どもと決めておくことも有効です。ルールを守れたときにはたくさんほめてあげましょう。

　運動の不器用さによって失敗が続くようであれば、苦手意識をもたないようにやり方を工夫する必要もあります。勝手にルールを変えたり、相手の気持ちが汲み取れなかったりするのであれば、そこに大人が介入し、その状況を簡単な棒人間でよいので絵に描いて、相手がどんな気持ちであるのかを吹き出しや表情で示して視覚的に説明してあげる必要があるかもしれません。

状況のイラスト説明

そして、大切なのがその子どもが最終的にどうすればよいのかまで説明することです。決して怒るのではなく、まずはどのような状況だったかの事実を確認し、そしてどうしたらよかったのかを一緒に考えます。また、うまく考えられないときはどうすればよかったのかを導き出す支援を行い、状況に合わせた行動を考え出す力を育てていきます。

　子どもがルールを守れたときは必ず視覚的にほめて強化していきましょう。普段からよい行動をしたときにも絵に描いてほめることをすると、より伝えやすくなります。感覚面での偏りに関しては、生理的に受けつけないものであれば無理をさせることなく、避けるようにして柔軟に対応する必要があるでしょう。注意を向けることがむずかしく集中できない状況であれば、やさしく声をかけて気づかせたり、活動する向きを変えたりと調整する必要があるかもしれません。このように、一つひとつ背景を考えながら対応していくことが重要です。

　子どもの発達の特性を理解し、様々な環境の配慮や対応の工夫をすることによって、対人関係のつまずきを減らしていくことができます。しかし、苦手なことばかりに目を向け、その改善や克服だけを考えていても、なかなかすぐにはうまくいきません。苦手なことへの対処と同じくらい、得意なことや自分の強みを活かす方法を考えていくことも大切です。

　子どもに関わる人たちが子どもたちの気持ちをより理解し、寄り添い、子どもの成長に必要な情報を伝えていくことで、子どもたちは安心して社会に出ていくことができます。子どもの成長を感じてスモールステップで取り組んでいくことが重要です。

3
あそびを支える感覚と機能

子どもの体と脳の発達を理解し、実際の生活で応用するときに押さえておきたい感覚と機能を11種類説明しました。
あそびだけでなく、日常生活をおくる中で必要な力や学習動作にも触れています。

1 視覚

> 「見る」ことに関する様々なはたらきを視覚と言います。視覚は大きく分けて、目で情報を受け取る視機能と、受け取った情報を見分ける視知覚機能があります。ここでは、視機能と眼球運動、視野について説明します。

●視機能とは

目で情報を受け取るためには、目を自由に動かす（眼球運動）、情報を正確に受け取る（視力）、広い範囲の情報を受け取る（視野）、明るさの情報を受け取るなど、様々な力が必要です。

ものを見るときに、目を細める、目を大きく開ける、近づいて見る、まぶしがる、などのようすがある場合、視機能になんらかの苦手さがある可能性があります。病院（眼科）や専門機関で検査をすると、苦手な力を知ることができます。

●目を自由に動かす：眼球運動

眼球運動には、じっと見続ける運動（注視）、動くものを目で追う運動（追視）、素早く見比べる運動（サッケード）、ピントを合わせる運動（輻輳：寄り目）があります。

眼球運動はあそびを通して練習することができます。見やすい大きなボールでのボールあそびや、風船あそび、シャボン玉あそびは、目で見続ける運動、目で追う運動の練習になります。大きな絵本で間違い探しをしたりかるたあそびをしたりすると、素早く見比べる運動、ピントを合わせる運動の練習になります。

●広い範囲の情報を受け取る：視野

視野とは、人がじっと見続けているときに見えている範囲のことです。見たものが何であるか、何色で、どのくらいの大きさなのか、などの正確な情報を判断できる範囲を有効視野、正確な情報は判断できないぼんやりと見えている範囲を周辺視野といいます。

新しい課題や、むずかしい課題をしているときに注意が集中すると、有効視野が狭くなり、課題を効率的に解決できないことや、理解や判断が遅くなることがあります。

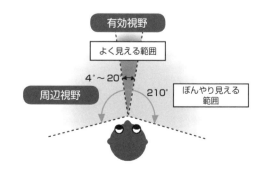

探しものがなかなか見つからない、ぬりえのぬり残しが多い、ボールあそびでパスを受け取れない（気づかない）、といったようすがある場合、注意が集中しすぎているということがあります。

どこを見たらよいのか、どういう順番で見たらよいのかなど「見る場所」や「見る順序」を教えてあげるとできるようになることがあります。

2 聴覚

> 「聞く」ことに関する様々なはたらきを「聴覚」と言います。聴覚は耳で音を受け取る力と、受け取った音を聞き分ける力に分けられます。

●耳で音を受け取る力

音には、耳の穴の奥にある鼓膜を振動させることで伝わる音と、頭の骨を振動させることで伝わる音があります。

自分の話している声を録音して聞いたとき、別の人の声のように聞こえませんか？ 私たちは話をしているとき、鼓膜と頭の骨を振動させて自分の声を聞いています。録音した声は、鼓膜だけを振動させるので、いつも聞いている自分の声とは違う声に聞こえるのです。

声をかけても気づかない、大きな音に反応しないようであれば、耳鼻科や専門機関で検査を受けましょう。

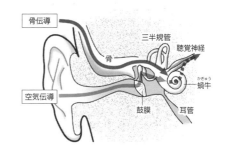

●受け取った情報を聞き分ける力

音を聞き分ける力は生まれたときから備わっています。お母さんの声はお腹の中にいるときから聞こえていて馴染みがあり、お母さんの声を聞いて安心したり、元気に動いたりするようすが見られます。

また母国語となる言葉の細かい音を聞き分ける能力は、生後すぐから9カ月頃までに育つと言われています。言葉の学習に欠かせない音を聞き分ける力は、たくさん話しかけられることによって育ちます。

テレビの音やCDの音だけでなく、大人の声を直接聞かせてあげることが大切です。

●音はどこから聞こえてくる？

声をかけられたり音が聞こえたときに、音の方向を判断する力を聴覚定位といいます。音の方向は、

左右の耳から聞こえてきた音の大きさや高さの違いにより判断されます。音の聞こえてきた方向を向かない、音源を探せないといった子どもは、聴覚定位が苦手なのかもしれません。

●聴覚過敏とは

　大きな音、ざわざわとたくさんの音のする環境が苦手でその場所から逃げたり、耳をふさいだりと敏感に反応する子どもは少なくありません。耳栓やイヤーマフで聞こえる音を小さくしたり、聞こえないようにする工夫で子どもは楽になります。

　また音の大小や高低だけでなく、音の種類（金属音が苦手、太鼓の音が苦手）、音を聞く環境（お家の車の音は好きだが、外を走っている車の音は苦手）など様々な要因が考えられます。子どもが聞くことに苦手さがあるときは、どんな音が苦手なのか調べてみるとよいでしょう。

●お話を聞いていない？　聞こえていない？

　何度言っても返事をしない、しっかり聞きなさいと言っても聞いていない……こんな様子の子どもは、話を聞いていないのではなく、話をしている人の声を聞き取れていない可能性があります。

　テレビを見ながらお話したり、人混みの中でも隣の人とお話ができるのは、たくさんの音の中から人の声だけを聞き取る力があるからです。

　必要な音だけを聞き取る力に苦手さがあると、テレビの音や車の音などが気になって先生のお話を聞けない、ざわざわとたくさんの音がする環境をうるさく感じることがあります。話をするときはテレビを消す、静かな部屋に行くなど環境を整えることが大切です。

3 前庭覚

> 体の揺れや傾き、回転した感覚は耳の奥にある三半規管、前庭器という場所で感知され、この感覚を「前庭覚」といいます。

●運動に欠かせない前庭覚の力

　前庭覚は体のバランスをとるために必要な感覚です。目をつぶって片足立ちをしたときに、転ばずに

姿勢を保つことはできますか。片足立ちをしたとき、前庭覚を感じ取ると、姿勢をまっすぐ保つために無意識に筋肉に力が入ります。

前庭覚を感じにくいと、姿勢が傾いていることに気づけなかったり、よろけたときに瞬時に全身に力を入れることができず、転んでしまうことがあります。

食事やお絵かきなど机に向かっているときに姿勢が崩れやすい子どもや、階段ののぼり下りやでこぼこした道を歩くことが苦手な子どもは、前庭覚を感じにくくなっているかもしれません。

●心身をコントロールする前庭覚の力

前庭覚は気持ちや心拍数をコントロールする自律神経とのつながりが深い感覚です。

すべり台をすべったり、高いところから飛び降りたり、ジェットコースターに乗ると強い前庭覚を感じます。

強い前庭覚は気持ちを高めて興奮させたり、心拍数を上げたりする作用があります。反対に、赤ちゃんを抱っこしてやさしく揺らしながら眠らせるときのように、弱くて一定のリズムの前庭覚は気持ちを落ち着かせ、心拍数を下げる作用があります。

前庭覚を敏感に感じやすい子どもは、少しの揺れや動きでも、気持ちが落ち着かず、心臓がドキドキして緊張した状態になってしまい、すべり台を過剰に怖がる、ブランコに乗れない、高いところに上がれないといったようすがみられることがあります。

●前庭覚を感じにくいと眠くなる？

前庭覚を感じにくいと、強い刺激でも、気持ちを落ち着かせる弱い刺激として感じてしまうため、眠たくなってしまうことがあります。いつもそわそわ動いている、落ち着きがない、すべり台で繰り返しあそぶ、高いところから怖がらず飛び降りる、ブランコをどんどん速くこぐ子どもは、前庭覚を感じにくく、眠たくなってしまわないように体を動かしているのかもしれません。

●目が回るのはどうして？

前庭覚で体が回転したことを感じ取ると、体の回転に合わせて視界がぶれないように目を一定の位置に保つ力が働きます（前庭動眼反射）。

ぐるぐる素早く回ると、目を一定の位置に保つ力が追いつかなくなり、体の回転が止まっても、目が動いてしまうことがあります。このとき、目が動いているので視界がぐらぐらと揺れて「目が回ってい

る」と感じるのです。

前庭覚に敏感な子どもは、体の回転と目の位置の調整がうまくできず、すぐに目が回ったり、気持ち悪くなってしまうことがあります。前庭覚を感じにくい子どもは、どれだけ回転しても目が回りません。

4 味覚

> 「味」を感じるはたらきを「味覚」といいます。味覚は、生きていくための基礎となる食事には欠かせない感覚です。

●味を感じるメカニズムについて

人が感じる味は、旨味、甘味、塩味、苦味、酸味の5種類です。味成分が舌にある味覚センサーに触れると、味の情報が脳に伝わり、どの種類の味か判断されます。

舌にある味覚センサーは、汚れてしまうと味を感じにくくなります。そのため、食事の味がしない、美味しく感じられないということから、食べることが苦手になってしまう子どももいます。歯みがき習慣やグチュグチュうがい、舌みがきで口の中の汚れをとるようにしましょう。

●味覚の発達について

人は生まれたときから旨味、甘味、塩味を美味しいと感じ、苦味、酸味は慣れてくると徐々に美味しいと感じるようになります。苦味のある魚や野菜、酸味のあるヨーグルトや酢のものが苦手な子どもは、苦味と酸味に慣れておらず、敏感に反応していると考えられます。野菜を小さく切る、甘味を加えるといった調理の工夫をして、初めて食べたときに「苦い」「酸っぱい」と感じさせないようにすることも大切です。

●食べられないのは味覚が原因？

食べず嫌いや偏食は味覚だけが原因ではありません。見た目が苦手、食感が苦手、匂いが苦手など、その原因には様々なことが考えられます。調理の工夫だけでは作る側の負担が大きくなってしまいますので、食事環境を工夫してみましょう。

子どもは一人で食事をとっていたり、大人と一緒に食事をとっていてもずっとテレビを見ているということはありませんか。大人と一緒に食事をとり、大人が美味しそうに食べているようすを見せることで、「食べてみたい」という気持ちを引き出しましょう。

食材によっては、お箸ではつまみにくく、食べたくなくなってしまうこともあります。子どもが使いやすい食器を選ぶ、食材によってはスプーンやフォークを用意することも大切です。

5 嗅覚

> 主に「におい」や「香り」を感知する機能で、五感の一つです。においは食べものの腐敗を嗅ぎ分けたり、口に入れても大丈夫かどうかを判断するために用いられてきました。そのため、最も本能的な感覚と言われ、外的や危険から身を守るためのセンサーの役割をしています。寝ている間でも休むことはありません。
> 一方で、においの好みは人それぞれであり、ある人にとっての心地よいにおいというのが、必ずしも万人に共通しているわけではありません。

●嗅覚の発達

赤ちゃんは目がよくみえないうちからお母さんのおっぱいを探すことができます。これは嗅覚の働きによるもので、生後1～2日でにおいの判断ができているためです。赤ちゃんはお母さんの胎内にいるうちから羊水のにおいを嗅いでいると考えられています。そのため、お母さん以外の人のにおいには敏感となり、知らない人に抱っこされると泣いてしまうこともあります。

●においは感情や記憶と強く結びつく

においは五感の中でも、特に感情や記憶と強く結びついていると考えられています。それは、他の五感は感情や記憶を司る「大脳辺縁系」というところに伝わるまでに大脳などを経由しますが、嗅覚だけは「大脳辺縁系」にダイレクトに伝わることが知られています。

そのため、においを嗅ぐことで楽しかったことを思い出したり、安心感を得たりすることができます。

●臭いで具合が悪くなる

ある場所や特定のものを苦手に感じる子どもは、においが原因となっていることがあります。タバコや、お線香、人によってはお花の匂いも苦手かもしれません。他の人からすると気にならないにおいも、子どもによっては過敏に反応してしまい、イライラしたり、突然具合が悪くなってしまうこともあります。

臭いは目に見えないため、原因がわからないと感じることもあるでしょう。原因不明の不快感や嫌悪感を示す際には、周囲のにおいにも配慮してみるとよいでしょう。

●人やもののにおいが気になる

いろんなものや、初めて会う人のにおいを嗅ぎたがることがあります。これは子どもにとっての安全かどうかを確かめる行為である場合や、好きなにおいを発していて興味を示している場合があります。

そのことで、周りの人とトラブルとなることがあるかもしれませんが、なかなかやめられない子もいます。においが嗅ぎたくなったときに安心できるお気に入りのものを持ち歩くことで、他の人やものに対してにおいを嗅ぐ行為を軽減できるようになるかもしれません。

●偏食との関係

食べものの好みが強く、偏食かな？　と感じる際には、味だけではなく臭いも関係していることがあります。ピーマンやチーズ、ニンジンなどの独特の香りのするものが苦手だったり、カレーなどのスパイスの香りや鮮魚の生臭さが苦手という子どももいます。

これらは味覚としても独特のものが多いですが、臭いが変わると食べられるということがあるかもしれません。チーズや牛乳は品種を変えたり、ニンジンなどは加熱調理で臭いがなくなると抵抗がなくなるということもあります。まずはその子どものにおいの特性を知ることが大切です。

6 皮膚感覚（触覚・圧覚・痛覚・温度覚・痒覚）

> 皮膚には様々な刺激を感じ取る機能があります。触覚は胎児期の早い段階から発達することがわかってきており、ものに触れる感覚を認識することができます。触れたことがわかるだけではなく、肌理（きめ）などの表面の素材を識別することや、小さな凹凸などを判断することもできます。
> 触れる強さが大きくなると圧覚と呼ばれ、皮膚を押されているような圧力を感じるようになります。また、体を守るために痛みを感じたり、温度を感じたりします。最近では痒みを感じる機能が独立していることも明らかになってきました。

●体を守るための皮膚感覚

これらの機能はすべて体を守るために存在しています。触覚が機能することでお母さんに抱っこされる心地よさを全身で感じることができ、温かさや冷たさを感じることで体温を調整しています。痛みを

感じることでそれを避けようと体を動かしたり、泣くことで知らせたりすることができます。

このように発達の初期から作用する感覚であるため、情緒的な側面にも大きく影響を与えます。例えば、お母さんとの体と体の接触面から安心感を得ることから、触れられることで安心や信頼を深めていきます。

一方で、知らない人に触れられてしまうと、大きな不安や嫌悪感、恐怖を感じるかもしれません。触覚を通じて愛着の形成や心の成長、自己と他者の距離感などを身につけていきます。

●感じ方には個人差がある

皮膚感覚はとても重要な機能ですが、人それぞれ感じ方が異なることも知られています。そして枕が変わると眠れなくなることや、大好きなぬいぐるみを抱くと落ち着くことなど気持ちにも影響します。スライムや泥の感触が苦手だったり、チクチクする毛糸が嫌いだったりしたことはありませんか。これらは個々人での感覚の受け取り方が異なるためと考えられます。

しかし、人から触れることが嫌だったりする反面、自分から大人の背中には抱きつくことができるなど、行動での特徴が表れることがあります。これは、人から触れられるときと自分から触れるときでは、感じ方が変わるためです。

●困りごととその対応

皮膚感覚の苦手な子どもと接する場合、触ることがわかっていると受け入れられることがあるので、声をかけてから触ると対応できる子もいます。また、触る強さに配慮するのもよいでしょう。

特定の服を嫌がる場合には、着る前にあらかじめ服を自由に触れるようにし、子どもにとって安全な感覚かを確かめさせておきましょう。シャワーのように無数の水が降りかかることが苦手な子どもでも、桶からの水は平気なこともあります。

日常的に関わるときの注意として、信頼関係のとれた大人とやり取りをすることや、過敏のない部位から触れ始めることが大切です。また、指や手の先で触れるよりも手のひら全体で触れてあげる方が受け入れやすい刺激になります。強さも少し強めに触れましょう。やさしく触れると特に過剰に反応してしまうことがあります。

これらは苦手なものに対しての対応になりますが、子どもが触覚や圧覚を好む場合もあります。特定の布の感覚を好んだり、ゴムボールなどを握っていると安心するなど、苦手な刺激を感じたときには

好きな感覚によって気持ちを落ち着かせることが有効な場合もあります。このような感覚を上手に利用することで、嫌な気持ちを軽減させましょう。苦手なものに慣れさせるために強要するのではなく、触れても安心してもらえるよう環境設定を行うことが大切です。

7 深部感覚（関節覚（位置覚・運動覚）・振動覚・深部痛覚）

> 体の関節や筋肉にも、動きを感じ取ることができる機能が備わっています。それが深部感覚と呼ばれる感覚で、これには位置を感じ取る位置覚や動きを感じ取る運動覚、ものから得られる抵抗や振動を感知する振動覚や、筋肉や関節の痛みを感じる深部痛覚というものがあります。
>
> あまり馴染みのない言葉ですが、普段私たちは意識することなく最もこの感覚に依存して生活しています。たとえば、洋服を着るときに自然と袖に腕を通すことができたり、暗い部屋で電気のスイッチをつけることができるなど、目で見なくても手をどの位置に持っていけばいいかを理解することができます。これが深部感覚です。

●位置や動きを感じる大切さ

私たちの生活において、すべてのものを目で確認しながら行動することは到底無理なことです。階段ののぼり降りでも、小さいときこそ段差をみてのぼりますが、成長に伴って話をしながらや大きなものを運びながらでもできるようになります。このときに位置覚や運動覚が働くことで、階段でつまずくことが少なくなります。

このように、みえていない状態でも体の手や足、指の形などがどのようになっているかがわかることはとても重要です。深部感覚が感じにくい（意識しないとわかりづらい）子どもでは、顔を上手に洗えなかったり、髪についた泡をうまく流せない、洋服を着るときに時間がかかるなどの困りごとがあるかもしれません。

また、こたつに入れると足の位置がわからなくなったり、手先は器用なのに襟元のボタンだけはうまく留められない、ダンスでは見本をみても踊れないことなども予想されます。

●重さや抵抗に対処する

重たい荷物と軽い荷物とでは、必要な力の量は変わります。そのときに重要なのも深部感覚です。牛乳をコップに注いでいくと、持っている牛乳パックの重さは徐々に減っていきます。その状態で注ぎ始めと同じように力を入れると、一気にこぼれてしまいます。

このわずかな重さの変化を感じ、力の調節をすることで上手に入れることができるのです。逆に言え

ば、上手に注げない子どもは、重さを感じ取ることが苦手か、もしくは力の調節が困難だといえます。

重さや抵抗感を感じ取ることが苦手な場合、おしくらまんじゅうでいつも力いっぱいやってしまう、ものをいつも乱暴に扱う、ドアを勢いよく開け閉めするなどのようすが見られるかもしれません。このように、一見不器用で乱暴者のように思われる行動の背景には、感覚の困難が隠れていることがあります。

●すべての運動の基礎となる感覚

手足を上手に動かすことができない、力加減が苦手な背景に深部感覚が重要であることを述べてきました。運動をコントロールするための基礎になる感覚なので、三輪車をこいだり、鉄棒の逆上がり、ジャングルジムをのぼる動作とも関係してきます。

子どもが小さいうちにできるだけ多く体を動かす経験を積むことで、深部感覚は発達していきます。スキンシップを通して体に触れることで、手や足の位置や動きに意識を向けてあげることでもよいですし、公園の遊具であそぶことも、深部感覚の発達にはよいと思われます。

8 感覚処理パターン（低登録・感覚探求・感覚過敏・感覚回避）

> 自分が感じる感覚や外から与えられる感覚に対して、過敏になったりまったく気にしなかったりするようすがみられることがあります。これは入力された感覚情報に対して、うまく処理できていないことが予想されます。
> 例えば、何度か呼んでも振り向かない場合や、触れられることや痛みに対しても鈍いように感じられる場合があります。これは、感覚刺激に対する反応が弱いことが要因となっているかもしれません。

●子どもの感覚の捉え方に対処する視点

これらの状態を刺激に対して「鈍感」と短絡的に捉えないように注意しましょう。子どもによって声や痛みに対して注意が向きにくく、反応しないということも考えられます。他者を意識することがむずかしい場合、呼ばれても反応しなかったり、痛くても訴えようとしないこともあります。

一方で、同じように反応が弱い子どもでも、自ら感覚を求める行動をとることもあります。そのような子どもは、水あそびや泥あそびをいつまでも続けてしまったり、音楽を大音量で聴くことなどをするかも

169

しれません。すぐに高いところにのぼったり、すべり台やトランポリンをやめられなかったりします。

このような状態とは逆に、感覚刺激に対して反応が強く出てしまう子どももいます。電車の音が怖い、運動会のピストルの音でパニックになる、校内放送や避難訓練のベルを聞いてイライラする、特定の洋服を極端に嫌がる、ブランコを揺らされると不安になるなど、その子どもに応じて反応は異なりますが、感覚刺激に対して過敏になっているだけではなく、苦手な刺激に過剰に注意を向けていることや、一度に強く、たくさんの刺激が入力されてしまい処理できていないことなどが考えられます。

いずれの状態においても、感覚刺激の入力に対して適切に受容できていないことが要因で起こります。運動会のピストルの音を嫌がる場合は旗などの音以外のものを合図に使うことや、洋服のタグを嫌がる場合は切り取るなどといった、子どもに合った配慮が必要です。

9 高次脳機能　①運動企画

> これまでに何度も経験した運動は徐々にスムーズに行うことができるようになりますが、経験したことのない運動は誰しもが初めはうまくいきません。いままでに経験したことのない運動は、お手本をみて、まずは頭の中でイメージすることが必要になります。
>
> イメージ通りに体を動かす機能が運動企画です。運動の手順を組み立て、動きの範囲や力加減、スピードの調整、リズムやタイミングを決定します。つまり、運動企画とはあまり意識されることのない感覚を土台として、新たな運動を実行する力のことです。もちろん、これには前庭覚（162ページ）や深部感覚（168ページ）運動を調整する能力（169ページ）などが必要になりますが、運動企画が苦手で、新しいことに取り組めないといったことがあります。

●苦手な子どもは？

新しいことに取り組むときには配慮が必要です。たとえば、肋木（ろくぼく）やジャングルジムをのぼるときに、どこに手と足を置くかを考えます。運動企画が苦手な子どもはどこに手を置いて、足はどこまで持ち上げて、次はどの棒へ移るかをうまく考えることが不得意です。

能力的にのぼることができないというわけではないので、手や足の置く位置に目印をつけたり、一緒に行う援助をすることでのぼることができるようになります。

そのほかにも、新しい遊具でどのようにあそぶかを考えたり、お遊戯のダンスを見てまねをすることなどにも影響します。リズムあそびで手拍子をうまく叩けなかったり、鍵盤ハーモニカで何度も同じ間違いをしてしまうこともあります。力加減が苦手な場合は、卵を割らせても中身が割れない力加減を習得するまでに時間がかかってしまうでしょう。スキップや縄跳びも練習しても運動のタイミングが上手にとれずに、うまくできないかもしれません。

●できることを少しずつ経験していきましょう

運動企画に課題がある子どもは、自ら挑戦することが苦手になっていきます。新しいことに取り組むことを避ける前に、できる経験を積み重ねることが重要です。肋木であれば1段ずつのぼれるようにしてみるとよいでしょう。リズムあそびも1フレーズごと、目印の音や歌詞をみつけて行うなど、まずはできることから始めてみましょう。

人のお手本は動作が次々と変化してしまうため、写真や絵で視覚化することや、体の動きを言葉にしてみるなど、子どもに合わせて伝える配慮をしましょう。言葉に表すことで体の動きを意識することができたり、一つひとつの動作を確認しながら行うことができます。また、動作をいくつかの段階に分けて行うことで、流れを把握することにも役立つかもしれません。運動企画の苦手な子どもは一つひとつの動作は可能であることが多いので、段階的に時間をかけて取り組んでみましょう。

9 高次脳機能　②視知覚

> 視知覚とは、見たものをしっかりと認識する力を指します。たとえば、たくさんの形の中から目的の図形を探し当てることや、見本と同じ図形を探すこと、平面に書かれた立体図形と同じ実物を見分けることなど、視たもの（視覚情報）を正しく捉える機能です。

●生活の様々な場面で必要な機能

視知覚は生活面では歩くことや書くこと、お箸の操作、縄跳びやキャッチボールなどに必要な機能の一つになります。

歩いているときによくつまずく子どもは、もしかしたら落ちているものと自分の距離が正しく把握できていなかったり、大きさや奥行きの長さなどを誤って理解しているかもしれません。

食べものをうまくすくえない要因には、お箸の操作がうまくできないだけではなく、お皿の中の模様と食べものをうまく識別できていない可能性もあります。動いている縄やボールに合わせて体を動かすためには、近づいてくるものの距離と位置をしっか

りと捉える必要があります。

このような機能は眼球をしっかりと動かすことができていても、ものを見て捉えることが課題となることがあります。

●学習場面でも多くの困難につながる

形を捉えることが苦手な場合、学習場面での困難につながります。文字学習では文字を正しく認識できず、鏡文字になってしまったり、線の長さがわからず「二」や「三」の横線の長さがバラバラになることなどが考えられます。

また、黒板でみた文字を覚えておくことができずノートに書き写すのに時間がかかることも予想されます。図形学習では点と点を結ぶことがむずかしいことや、線分と線分の交わりがずれてしまうこともあるでしょう。地図が読めない、地図記号が探せないなどもあるかもしれません。

生活場面上は問題が明らかではなくても、学習面では複雑な情報を処理できずに困難を抱え、机上学習を避ける可能性も考えられます。

●眼球の機能との関連

視知覚はみたものを認識する力です。眼球の運動や視力とは機能が異なります。子どもの発達において、4～5歳で両眼視する視覚機能が完成に近づきます。この時期より、目をよく使った活動が大切になります。その後、8～12歳頃に視覚機能は強固になります。視覚機能が完成する頃には、視知覚も同時に発達していますので、視力に問題がありよく見えていない場合や、乱視などの問題がある場合は、視知覚の認識にも問題を生じる可能性が高まります。就学後、視力に疑問を感じた際には、早めに矯正を検討しましょう。視力に対して適切な対応を行うことで、視知覚の発達もスムーズになります。

●視知覚の発達と関連する能力

視知覚が発達することで、正しく認識したものを関連づけてまとめる力も身についていきます。複数のつみきから大きな一つの形を作ることや、一部分のみが空欄になっている図をみて空欄に当てはまるものを選んだりできるようになっていくでしょう。分類する力やまとまりを作ることが苦手な場合、図工では見本を同じものを作ることがむずかしくなります。実物の見本を提示しても、見えない裏側の部分に気づくことができないこともあります。

生活の中では片づけなどが苦手な場合もあります。片づけには、同じ用途のものを分類したり、本や紙などを大きさで並べたりすることが求められますが、関連づけてまとめることがむずかしいため、片づけが進まず、だらしのない子どもとみられがち

です。用途の同じものには同じ色の目印をつけたり、同じ色のボックスにまとめるなどの配慮をするとよいかもしれません。

このような機能は、作品作りや学習場面で上手にできない子どもと捉えられがちですが、機能が低下している場合は手順や方法に配慮が必要になります。

9 高次脳機能　③言語機能

> 「言葉」はコミュニケーションを取るために便利なツールです。子どもの発達において目立つ部分なので言葉の遅れや発音を気にされている方も多いのではないでしょうか。

●姿勢の発達と言葉の学習

生まれてすぐの赤ちゃんは言葉を理解できませんが、周りの大人の声を聞き、ようすを見ながら言葉を学習しています。言葉の学習にとって大切なのは、「じっと見る力」です。

赤ちゃんは生後3カ月頃に首がすわり、お母さんの顔やお気に入りのおもちゃをじっと見ることができるようになります。5～6カ月頃に座れるようになり、大人の見ている世界へ興味を持ち始め、7～8カ月頃には座ったまま振り向いてあちこち見ることができるようになります。

この頃、大人の指差した方を振り向いて見たり、絵本を見ながら指差しができるようになります。大人がものの名前を言いながら指差しをしたり、絵本を読みながら指差しをすることで、ものの名前を学習していくのです。このように、姿勢の発達と言葉の学習には強い関連があります。

なかなか首がすわらない、一人でしっかり座れない子どもには、大人や周囲のものに興味を持てるように、たくさん話しかけたりあそんであげることを意識しましょう。またおもちゃや絵本を見やすいように、姿勢を支えてあげたり、座りやすい椅子を用意するなど、環境を整えることも大切です。

●動作のまねっこと言葉のまねっこ

赤ちゃんはまねっこが得意です。9カ月頃になると大人のまねをして、手を振ったり、頭をなでるといった身振りをするようになります。また身振りと言葉が結びつき、手を振りながら「ばいばい」や、頭をなでながら「いい子いい子」と言葉のまねっこをするようになります。

身振りと言葉が結びつき、おやつが欲しいときは、手を出しながら「ちょうだい」、やりたくないときは首を振りながら「いやいや」など、大人へ気持ちを伝えることを学習していくのです。

子どもが身振りだけで話しかけてきたときは、「ちょうだい、かな？」や「いやいや、かな？」のように、身振りと言葉を結びつけてあげることで、少しずつ言葉でのコミュニケーションが上手になっていきます。

●ボールあそびで会話練習

ボールあそびは、「投げる（転がす）人」と「受け取る人」の役割交代をしながら楽しむことができます。これは、言葉でコミュニケーションを取るときの「話す人」と「聞く人」の役割交代と似ています。

一方的に話してしまったり、相手の話に相づちを打たないので聞いているかわからないようすの子どもは、ボールあそびなどの役割交代のある体を動かすあそびを通して、言葉でのコミュニケーションを学習することができます。

●ご飯をしっかりかむ

なかなか言葉が出てこない、舌足らずで正しい発音ができないといった子どもは、口の周りや舌を動かす筋肉を上手にコントロールできていないのかもしれません。

ご飯が口からこぼれてしまう、硬いものが食べられないといったようすが見られることもあります。お話することを促したり、正しい発音を教えようとすると、「お話したくない」「また間違えるかもしれない」と、お話が嫌いになってしまうこともあります。

口の周りや舌の筋肉を使ったあそび（シャボン玉、水中でぶくぶく、大きな口で大きな声を出すなど）で、言葉を話すための口の準備をすることが大切です。

●言葉を深めよう広げよう

言葉の学習には大切なポイントが2つあります。1つは、「りんごは、赤くて、丸い」のように1つのものに対して「言葉を深める」ということです。もう1つは、「りんごは、果物で、バナナやみかんの仲間」のように、1つのものから「言葉を広げる」と

いうことです。

特に「言葉を広げる」学習は、ものとものの関係やつながりを知るのにとても大切です。言葉を広げることは、「うれしい、楽しい、悲しい、苦しい」といった目に見えない気持ちや、「大きい、小さい、長い、短い」といった概念を学習することにつながっていきます。

10 実行機能　　①課題を効率的に行う力

> 1日のスケジュールを考えたり、やるべきことの順番を考えたり、人は生活する中で、先を見通しながらたくさんの作業を行っています。このように、先を見通し、やり遂げる力は何歳頃に身につくのでしょうか。

●時間の感覚

「30分で宿題を終わらせよう」「遅刻しないように、家を●●時に出発しよう」など、生活する中で「時間」は重要なポイントとなります。この時間の感覚は、時計の針がどのくらい移動したかという視覚的な情報や、タイマーやチャイムの音という聴覚的な情報を手がかりに身につけていきます。

予定までに作業が終わらない、遅刻ばかりする子どもは、時間の感覚がつかめず、やり始める時間や出発する時間が遅いのかもしれません。「●●時までにやりましょう」と終わりの時間を伝えるだけではなく、「●●時になったらやりましょう」と始める時間も伝えることが大切です。

●優先順位と手順を決める

朝起きてから出かけるまでに行う作業は、着替え、洗顔、食事、歯みがき、荷物の準備などたくさんあります。子どもの朝の支度が遅い、なかなか出かけられないと悩んでいる方も多いのではないでしょうか。

大人は、着替えをしながら食事の内容を考え、歯みがきをしながら持っていく荷物をチェックするなど、朝の支度を効率よく行うことができます。やるべき作業を頭の中に思い浮かべ、何から（優先順位）、どうやって（手順）やるかを決める力は、作業を効率よく行うためには欠かせません。

この力は、小さい頃から徐々に身につき、15歳頃になると大人と同じように優先順位と手順を考えられるようになります。

小さい子どもは、「早く支度しなさい」という声か

けだけでは、何から、どうやってやればよいのかわからず、作業が非効率的になってしまいます。「まず●●をしよう」「次は●●しよう」と1つずつ声をかける、やる順番を紙に書いて貼っておくなど、優先順位と手順を教えてあげると、作業に取り組みやすくなります。

●記憶力を伸ばす

お家に帰ってから、「手を洗って、荷物を片づけて、おやつを食べよう」と声をかけたのに、子どもは「手を洗って、荷物を片づけずにおやつを食べていた」ということはありませんか？

大人は一度に複数のことを指示されても、すべてを覚えてやり遂げることができます。また「洗濯機を回している間に、お皿を洗って、アイロンをかけよう」と優先順位と手順を決めたら、3つの作業を忘れずにやり遂げることができます。

小さい子どもは一度に記憶できる量がとても少ないので、一度に複数のことを指示されてもすべてを覚えていられないこともあります。また優先順位と手順を決めても、途中でテレビを見たり、おもちゃであそんでしまうと、これまで何をしていたのか、次に何をしなければならなかったのかを忘れてしまうこともあります。

指示を出す前に子どもがお話を聞いているかを確認したり、やるべきこと以外に気がそれないように、テレビを消す、おもちゃを片づけるといった環境を整えることも大切です。また「3回まわってから、跳び箱にのぼり、壁にボールをぶつける」といったサーキット運動で、体を動かしながら楽しく記憶力を伸ばすことができます。

●自分の力を知る

子どもは、大人でも降りられないような高い所から飛び降りようとしたり、かけっこをするとき「先生に勝てるよ！」と自信満々に言うことがあります。自分の力を正確に判断し、「このくらいの高さからは飛び降りられる」「自分の足の速さはこのくらい」と理解できるようになるのは、6歳頃になってからです。

小さい頃から、高い所から飛び降りて痛かった、かけっこで大人に負けたといった経験を繰り返し、自分の力を知るようになります。6歳頃には、「この作業が自分にとってむずかしいか、簡単か」を判断できるようになってきます。

10歳頃になると、「このむずかしい作業は20分、この簡単な作業は5分でできる」と、達成までの時間を予測するようになります。「お皿洗いに15分かかると思ったけど、5分で終わった！」など、自分の予測と結果を比べることで、自分の力をより細かく知るようになります。

自分の力をまだ把握できていない子どもは、スケジュールを時間通りに終わらせることができなかったり、優先順位や手順を上手に決められないことが

あります。自分が行った活動の結果は、自分が思っていた通りだったのか、思っていた結果とは違ったのか、大人と一緒に振り返ることで、少しずつ自分の力を学んでいきましょう。

10 実行機能　②気持ちや行動をコントロールする力

> 気持ちを切り替えたり、集中したり、複数のことに気を配ったり、作業をやり遂げるために、気持ちや注意力のコントロールはとても大切です。

●気持ちや注意力はどこでコントロールする？

「よし、やるぞ！」という頑張る気持ちや「こうやってみようかな？」というアイディアは、頭の前方にある前頭葉という場所の働きによって引き出されます。前頭葉は、頑張る気持ちを作ったり、いろいろなアイディアを思いついたり、集中したり、気を配ったり、人が作業をやり遂げるために必要な気持ちと注意力をコントロールしてくれる場所です。

前頭葉は3～5歳頃に急速に発達し、その後ゆっくり発達を続け、15歳頃に大人と同じくらい機能が高まります。小さい子どもは、気持ちの切り替えが苦手で、機嫌が悪くなるとずっと怒っていたり、食事中にテレビに気が向いて食べ終わるまでに時間がかかるといったように、気持ちや注意のコントロールがなかなか上手にはできません。

●言葉による気持ちと行動のコントロール

5歳頃になると言葉をどんどん学習し、自分の気持ちを言葉で表現したり、今日あったできごとを上手に説明できるようになってきます。言葉で説明する力がついてくると、「テレビを見るのを我慢して、いそいで着替えちゃおう！」「もっとはやくジャングルジムをのぼるために、今度はこっち側からやってみよう！」と頭の中で考えることができるようになり、気持ちのコントロールが上手になってきます。

気持ちのコントロールが上手にできない子どもは、自分の気持ちや状況を言葉で説明するのが苦手なのかもしれません。

大人が、「早く着替えなさい」と言うのではなく「テレビを見るのを我慢して、着替えてね」と、気持ちの切り替え方を言葉で教えてあげたり、「こちら側からも上までのぼれるから、もう1回やってみよう」と別の方法を言葉で気づかせてあげることで、少しずつ言葉と気持ちが結びつき、自分で考えられるようになります。

●最後まで頑張れないのはやる気がないから？

「やりなさい」と何度言ってもなかなか始めない、すぐ集中力が途切れてしまう、途中で投げ出してし

まう……。この子はどうして頑張れないのかしらと心配なることはありませんか？　作業をやり遂げるためには、テレビやゲームなど楽しいことから気をそらし、疲れてきても集中したり、気を配ったりと、注意のコントロールが大切なポイントとなります。

いくらやる気があっても、注意のコントロールが上手にできないと作業をやり遂げることができないのです。やらなければならない作業があるときは、気持ちをそらさないように環境を整えることも大切ですし、作業自体が楽しくなるような工夫も大切です。また、集中して作業を続けられる時間は 10 歳までに少しずつ伸びてくると言われています。

小さい子どもは集中できる時間が短いので、子どもの力に合わせて短い時間で達成できるように作業のやり方を工夫したり、子どもの集中力に合わせて休憩をとるようにしましょう。反対に注意が集中しすぎて、周囲が見えなくなってしまうこともあります。集中しすぎると有効視野が狭くなり（160 ページ参照）、作業を効率的にできなくなってしまうので、気を配るべき場所や、気を配る順番を教えてあげるとよいでしょう。

●運動能力と注意のコントロール

赤ちゃんが一人で座れるようになると周囲のものに興味をもっておもちゃであそぶようになります。このとき、座っている姿勢が不安定だと、「座る」ことと「あそぶ」ことに注意が分散してしまい、あそびだけに集中することができません。

同じように、椅子に座る姿勢が崩れやすい子どもや、運動中にバランスをとることが苦手な子どもは、「姿勢よく座る」ことと「勉強する」こと、「バランスをとる」ことと「運動する」ことに注意が分散してしまうので、勉強に集中できない、運動が上手にできないということがあります。

疲れていると大人も集中することがむずかしいと思いますが、小さい子どもは体力がないため疲れやすく、集中し続けることができません。姿勢を安定させたりバランスを上手にとれるように体を鍛えたり、運動あそびで体力をつけることがとても大切です。

11 運動など(筋力・持久力・バランス・粗大運動・運動機能 協調運動・巧緻動作・両手動作)

> 思い通りに運動をするためには、自分の体を意図した通りに動かす必要があります。そのためにはいくつかの必要な機能があります。
> まずは筋力です。これは単純に筋肉の力(どれだけ重いものを持ち上げられるか)だけではなく、ジャンプしたり、手を強く叩いたりする瞬発力も含まれます。また、運動をどれだけ長く続けることができるかという持久力なども重要です。
> 基本的な筋力が低下している場合、体がくにゃくにゃとして動作も不安定になります。子どもの頃、四つ這いなどをしたがらないことも多いです。これは、体を安定させるための力が弱いため、両手と両足で体を支えることができずに、四つ這いを避けていると考えられます。まずはしっかりと体を安定するための筋力が発達する必要があります。

●運動をコントロールする力

筋力と持久力だけでは体は意図した通りに動かすことはできません。運動を行うために必要量だけの筋力を発揮するための調整する力が必要になります。これは協調運動と呼ばれ、スムーズに手や足を動かすための機能です。この力が弱いと、両手で持ったお皿を傾けてこぼしてしまうことや、牛乳をコップに注ぐ際に勢いよく入れすぎてしまうこともあります。協調性が低下している場合は、ダンスや体操で手と足を同時に動かすのが苦手だったり、着替えで手が上手に入れられない、ボール投げができないこともあります。

バランスをとることも大切になります。これは前庭覚(162ページ)が正しく機能されていることが大切ですが、片足立ちなどで上手に立つためには、体をしっかりとまっすぐに保ちながら、立っている足でふらつかないように筋力を調整しなければいけません。バランスがうまくとれないと階段をのぼるのが遅かったり、ボールをけることが苦手なこともあります。

●粗大運動と巧緻動作

おおまかに全身を使った運動を粗大運動、指先の運動を巧緻動作と呼ぶことがあります。巧緻動作とは、針に糸を通したり、はさみで線をはみ出さずに切ったりすることなど、一見すると手先の器用さと捉えられます。不器用だと感じる子どもの多くが巧緻動作に課題をもっています。

しかし、指先だけをトレーニングしてもよくならないことがあります。粗大運動と巧緻動作はそれぞれ

関連しており、粗大運動が発達することで指先の力が発揮されるのです。これは、体の安定と、指先の操作に深い関係があるためです。足場が不安定なところで文字を書くと、線が曲がってしまいます。

巧緻動作においても体を安定させるための運動機能が発達することが重要です。また、手の機能としては、紙とはさみを一緒に動かすことや、お茶碗を持ちながらお箸を使うなど両手の動作も大切です。

このように、運動を行うためには様々な機能が必要になります。子どものうちは運動がぎこちないことがありますが、同年齢の子どもより上手にできない子どもの場合、いずれかの機能に課題があるのかもしれません。

ここまで紹介した 67 のあそびと 11 の感覚と機能を読んで、以下のポイントを参考にあなただけの 68 番目のオリジナルなあそびをつくってみましょう。

ポイント

- [ ] 子どもが苦手な理由・背景を観察する
- [ ] どうやったらできそうか、道具の工夫、補助のしかたを考える
- [ ] 子どもの「好き」を探り、楽しめるポイントを入れる

コラム　　環境設定

【叱らないような環境をつくる】

　子どもはいたずらをするものです。いたずらによっては、大人にとって困りごとになります。例えば、テーブルの上にのぼってしまうことや、大切な本を破いてしまう、マジックなどで壁に落書きをしてしまう、水道の水であそんでしまうなど限りなく挙げられます。

　その困りごとに対して、何度も注意したり、言い聞かせたり、罰を与えたりしても子どもたちは一向に大人の思い通りに動いてくれません。これは何故でしょうか？　子どもたちが行ういたずらには、様々な理由があります。その行為自体が楽しかったり、その行為をしたときの大人の反応を期待していることもあります。

　行為自体を楽しんでいる場合には、第一に「環境を整える」必要があります。環境を整えるとは、触られては困るものがあれば片づける。のぼられて困るものはのぼれない工夫をするということです。こうすることで子どもたちも**叱られにくい環境を用意する**ことができます。

【好きなことを満足するまでやる】

　ただ、できないようにするだけでは、ストレスが溜まってしまいます。好きな行為が十分にできないことで、落ち着きがなくなったり癇癪が強くなることもあります。好きなことをしてよい場所や場面、時間などを決めて**十分に行える工夫も重要**です。**困りごとの行動と似た内容の感覚あそびを選びましょう**。

　例えばテーブルなどにのぼることが好きな子どもは、ジャングルジムやブランコやすべり台、トランポリンなどの前庭覚や深部感覚あそびが好きなことが多いので、そのようなあそびを十分にできるようにします。水道であそぶ子どもに、プールやお風呂などで水あそびを十分にできるようにすることで、水道であそぶことがなくなったりします。

　ただ禁止や注意をするだけではなく、子どもが何故その行為をするのか、どうしたら減るかを考え、まずは環境を整え、されても困らない場面で十分その感覚あそびを保証できるように工夫してみましょう。

おわりに

　本書では子どもたちがうまくあそべるために必要な力を、様々な視点から解説してきました。自由に体や道具を扱うために必要な、基本となる体を支える力やバランス、様々な感覚の発達について解説し、日常生活の中で無理なく取り組めるあそびを紹介しました。

　子どもが発達するには、楽しめる必要があります。とくにあそびは楽しくなくてはなりません。楽しくあそべることで子どもたちは、成長に必要な様々な力を身につけていくことができます。楽しくなくては、たとえそのあそびができたとしても、継続して取り組むことがむずかしくなったり、嫌な体験で終わってしまうことになります。関わった大人に対する不信感を持つようになりかねないことから、対人関係や社会性の発達に影響を及ぼす危険性もあります。

　また、運動や感覚だけでなく、実行機能についてもわかりやすく解説してきました。いくら知能が高くて、運動が得意で器用であっても、自分のやりたいままに行っていては社会生活をうまく送ることができません。効率的な活動をコントロールしたり、自分の気持ちと行動をコントロールしたりする力の発達をあわせて促すことが非常に重要になります。あわせて発達することで、あそびを通じて身につけた様々な力が、生活の中で発揮されるようになるでしょう。

　本書を通じて家庭から通園施設、学校、社会といった、子どもたちが生活するステージごとに関わる大人や支援者の方々に、子どものあそびの重要性や意味合いを理解していただけたらと思います。本書を執筆するにあたり、若い作業療法士に協力してもらいました。今の子育て世代の親を取り巻く環境や状況がよくわかっており、これから子育てをしていく方々に寄り添う内容になっているかと思います。

　発達を促すあそびの参考として協力してくださった日愛花（ひめか）さん、和果那（わかな）さん、実暖（みはる）くんに感謝するとともに、今後の成長を楽しみにしたいと思います。

鴨下賢一

●この本で紹介した便利なグッズ

マグ・フォーマー® 115ページで紹介

ピースをはめる動作がないぶん、手先が不器用な子どもでも、かんたんにはめられる磁石ブロックです。

© 株式会社ボーネルンド（TEL：03-5785-0860）

マグブロック® 115ページで紹介

磁石が反発しないため、力のコントロールがうまくできない子も、ストレスなくはめられるブロックです。

©TKクリエイト株式会社（TEL：03-5485-1855）

『新ウォーリーをさがせ！』 116ページで紹介

作・絵／マーティン・ハンドフォード、2000年
ウォーリーと仲間たちを追跡するパズル絵本。あちこちに注意を向けながら、楽しくあそべます。

© 株式会社フレーベル館（TEL：03-5395-6600）

『ミッケ！』 116ページで紹介

写真／ウォルター・ウィック、文／ジーン・マルゾーロ、訳／糸井重里、1992年
おもちゃばこにかくれている、いろんなものを探し出す絵本。ものの形を正しく認識する練習になります。

© 株式会社小学館（TEL：03-3230-5211）

安全はさみ・きっちょん 129ページで紹介

持ち手のところにバネがついており、力の弱い子どもでも操作しやすいはさみです。

© クツワ株式会社（TEL：06-6745-5630）

■編著者紹介

【編著者】

鴨下賢一（かもした・けんいち）

株式会社児童発達支援協会　リハビリ発達支援ルームかもん　代表取締役　専門作業療法士（特別支援教育・福祉用具・摂食嚥下）２０１９年３月に２７年間勤務した静岡県立こども病院を退職し、現在に至る。特別支援学校等への教育支援、発達障害児に対する福祉機器の開発も数多く手掛ける。著書に『発達が気になる子への読み書き指導ことはじめ』『発達が気になる子への生活動作の教え方』『学校が楽しくなる！　発達が気になる子へのソーシャルスキルの教え方』以上、中央法規出版などがある。

【著者】

池田千紗（いけだ・ちさ）

北海道教育大学札幌校特別支援教育専攻・准教授、作業療法士、特別支援教育士スーパーバイザー〔S.E.N.S-SV〕
2010年より一視同仁会　札樽すがた医院リハビリテーション部にて発達障害児の療育に携わり、2014年に博士号（作業療法学）を取得し、現職。小・中学校の通常学級、特別支援学級、通級指導教室、特別支援学校への教育支援や、特別支援教育に携わる教師の育成を行う。

小玉武志（こだま・たけし）

社会福祉法人恩賜財団　済生会支部　北海道済生会みどりの里　療育医療技術室課長　認定作業療法士
2006年に入職し現在に至る。2015年に博士号（作業療法学）を取得。入所している重度の肢体不自由・知的障がい児・者の支援と、外来にて発達障害児への支援を行う。非常勤講師として「発達障害作業療法治療学」等の講義も行っている。

髙橋知義（たかはし・とものり）

株式会社LikeLab　保育所等訪問支援Switch管理者、作業療法士
2001年に社会福祉法人こぐま学園に入社。在職中はリハ職の役職以外にも、生活介護事業所や就労移行支援事業所の管理者も務めた。2015年4月に株式会社LikeLabに入社。保育所等訪問支援事業を立ち上げ、現在は保育所や学校に訪問して、子どもたちの支援を行なっている。著書に『作業療法士が行うIT活用支援』医歯薬出版がある。

イラスト：いとうみき（①、②）、Shima（③）
組版：Shima.
装幀：椎原由美子

発達が気になる子の
脳と体をそだてる感覚あそび

2017年3月30日　第1刷発行
2022年9月30日　第8刷発行

編　著　者　鴨下賢一
著　　　者　池田千紗・小玉武志・髙橋知義
発　行　者　坂上美樹
発　行　所　合同出版株式会社
　　　　　　東京都小金井市関野町1-6-10
　　　　　　郵便番号 184-0001
　　　　　　電話 042（401）2930
　　　　　　振替 00180-9-65422
　　　　　　ホームページ https://www.godo-shuppan.co.jp/

印刷・製本　株式会社シナノ

■刊行図書リストを無料進呈いたします。
■落丁・乱丁の際はお取り換えいたします。

本書を無断で複写・転訳載することは、法律で認められている場合を除き、著作権および出版社の権利の侵害になりますので、その場合にはあらかじめ小社宛てに許諾を求めてください。
ISBN978-4-7726-1306-4　NDC370　257×182
©Kenichi Kamoshita, 2017